Pierre Thiry
anime régulièrement des ateliers d'écriture.
Il est également auteur de

Romans

Ramsès au pays des points-virgules BoD 2009
(fiction fantaisiste pour lecteurs de dix à cent-dix ans)

Le Mystère du pont Gustave-Flaubert BoD 2012
(polar décalé)

Recueils de poésie

Termine au logis, BoD 2020
(Cent rondeaux d'un été à savourer l'hiver en dégustant un thé)

Sois danse au vent, BoD 2020
(quatre-Vingt-dix sonnets et quinze rondeaux d'une année Vingt)

La Trilogie des Sansonnets (trois cents sonnets publiés de 2015 à 2019) :
Sansonnets un cygne à l'envers, BoD 2015
Sansonnets aux sirènes s'arriment, BoD 2018
Sansonnet sait du bouleau BoD 2019

Contes pour enfants

Isidore Tiperanole et les trois lapins de Montceau-les-Mines BoD 2011
(conte pour enfants)

La Princesse Élodie de Zèbrazur et Augustin le chien qui faisait n'importe quoi BoD 2017

Consultez
http://www.pierre-thiry.fr

Ce voyage sera-t-il mélodieux ?
Cent sept rondeaux
et vingt haïkus
(à ma manière)
par
Pierre Thiry

Précédés d'une préface écrite par
Odile Dinand

Février 2021

Préface

Rondeaux et haïkus...Dans ce nouveau recueil de poèmes, Pierre Thiry annonce son goût du voyage poétique, choisissant de se couler successivement dans une forme traditionnelle française, puis japonaise. L'une comme l'autre sont exigeantes, mais ce poète aime la contrainte, souvent pour mieux s'en évader.

Un voyage, donc, voici ce qu'il nous propose, et nous voici embarqués. Au fil des textes, en Vespa, en Nautilus, en rafiot, en Caravelle, en tortillard, en traîneau, à pied ou à cheval, nous échappons à l'englument, à l'embourbement, et, disons-le, au confinement, de tous ceux qui sont *« murés à l'abri d'une porte »*[1].

Car l'écriture même est mouvement, elle fait *« franchir la porte »*[2], elle est *« simulacre de course errante »*[3]. Le poète est *« effaceur de barrières »*[4]. Alors, dans son aventure poétique, Pierre Thiry mêle les univers : exotiques ou surannés, fabuleux ou quotidiens, ils se juxtaposent et s'interpénètrent.

Comme dans ses recueils précédents, le mouvement qui anime les poèmes ne cesse de prendre la forme de la danse : ronde, valse, samba, il remue les êtres, les feuilles, les oiseaux,

---

1 Le sort des pauvres reclus (page 83)
2 Franchir la porte (page 14)
3 Le lexicographe (page 73)
4 Pour la danse (page 43)

le monde entier : « *ce rimailleur il cabriole* »[5].

C'est dans le vol, cette « *danse anémomètre* »[6] que se marient le mieux le voyage et la danse. Les oiseaux sont nos guides au fil de ces poèmes. Le vent est leur élément, la liberté leur symbole, avec eux s'envole l'imagination. Mouette, moineau ou merle, nul besoin d'un Albatros pour être un poète ailé.
Et puis, les oiseaux chantent.

« *L'oiseau qui chantonne
Nous offre un ciel exultant* »[7].

Ils sont donc aussi porteurs de la musique, autre constante des textes proposés. On y entend le son du clavecin, du violon, on y rencontre Mozart, Bach, Debussy.
Mais la musique, rythme et mélodie, est d'abord dans les mots, leur sonorité, leur assemblage. Pierre Thiry recourt à toutes ces figures de style qui font s'entrechoquer les phonèmes, elles dont les noms quasi barbares semblent incongrus ici : rime, allitération, assonance, paréchèse, prosonomasie...
Il joue aussi sur les rythmes, avec, semble-t-il, une attirance spéciale pour le rythme ternaire, celui de la valse. Il ne craint ni les reprises, que la forme du rondeau autorise, ni les ruptures qui, parfois, disloquent les vers.
Alors, quand le titre l'interpelle « *Ce voyage sera-t-il mélodieux ?* »[8], que répond le lecteur ?
Adhérera-t-il à cette proposition ? Partira-t-il là où ces

---
5 Le poète (page 82)
6 Danse des corps sur les choeurs de Purcell (page 68)
7 Haïku 6 (page 114)
8 Voyage mélodieux (page 35)

mots ailés l'emmèneront?

Peut-être sera-t-il plus sensible aux formes, couleurs, reflets et tourbillons de lumière, kaléidoscope ou Rubik's cube, *« En esthète amoureux de tous les arts, N'oublie pas de peindre les bruits du monde »*[9], conseille le poète.

Peut-être aussi, retrouvant son âme d'enfant, il pourra être amusé par la fantaisie, l'humour de ces textes primesautiers du « riche faiseur de calembours ». Il sera invité à rapprocher des réalités lointaines, en un choc générateur de sourire et de méditation :

« Ta littérature est un estomac
Qui digère ensemble Gibis, Schadoques,
L'Odyssée, L'Iliade et Caligula »[10]

Et s'il reste perplexe devant un texte qui lui résiste, qu'il sache qu'en effet le sens parfois « *danse et s'esquive en rebond* »[11].

Que le lecteur parte à l'exploration de ces pages, qu'il s'amuse, s'interroge et rêve. « *Chante et danse, amuse en chemin* »[12], s'exhorte le poète.

Odile Dinand
Agrégée de lettres

---

9 Sous le chapeau (page 106)
10 Toi qui sait (page 34)
11 En attendant le discours (page 26)
12 Chante et danse (page 25)

1° Vos oreilles sont fines
Dimanche 25 Octobre 2020

Mes talents sont faibles, vos oreilles fines.
Écoutez vous explorerez la mine
D'un automne étrange au souffle soyeux
Des regrets à coudre aux discours joyeux.
Vos soirées attentives sont malines.

Elles peuvent choisir l'art qui raffine
La musique immense au sens qui combine
Le souvenir à l'avenir précieux...
Mes talents sont faibles, vos oreilles fines.

Écoutez le chant de l'arbre astucieux,
Il se ramifie dans l'art silencieux.
Écoutez ce rien du merle en débine...
L'auditeur suit dans sa course féline,
Son galop est bavard, son art précieux :
Mes talons sont fables, vos oreilles fines.

2° N'hésite pas à danser
Mardi 27 Octobre 2020

N'hésite pas à danser par-dessus
Ce mur des muses toujours à l'affût.
Derrière il y a le monde admirable
Avec sa vaste prairie labourable,
Ses trèfles, ses blés, ses arbres touffus.

Écoute au loin ce bruit sourdre confus
Parfois tu y perçois les sons diffus
D'un orchestre aux accords secourables,
N'hésite pas à danser par-dessus.

Au loin, plus loin que ces chants adorables
La bibliothèque aux joies partageables
Aligne ses livres, récits cossus,
Remplis de rebondissements cousus
Par le rythme des conteurs vénérables.
N'hésite pas à danser par-dessus.

3° Dire jeux...
Mercredi 28 Octobre 2020

« Dire jeux... » thème banal où la belle
Bergère chevauchant sa Mirabelle
Voit un risque excessif ; car la jument,
Qui porte ce nom, bascule aisément.
Elle joue en se cabrant, Mirabelle.

Tête dressée vers le ciel qui l'appelle
Elle imite en dansant la caravelle
Où Christophe Colomb allait voguant
Dire : « Jeux... » thème banal...

La vague le secouait, rondement,
Pour le verser sur l'autre continent.
La terre est ronde et les moutons blancs bêlent
Passionnément ; mais la cabrée rebelle
Sait qu'ils veulent, simplement, bellement,
Dire : « je t'aime banane ! »

4° Le poète confit
Jeudi 29 Octobre 2020

Le poète confit n'est plus très frais
Il brouillonne à l'étroit dans son coffret
Des chansons crémeuses épouvantables,
Dégoulinantes presque inexploitables,
Loin du feuillage des vastes forêts.

Dans son caisson, c'est l'obscur mascaret,
Volcanique pot-au-feu d'à-peu-près,
Qui le submerge d'un flot lamentable...
Le poète confit n'est plus très frais.

Ébouriffé chercheur de racontable,
Il jaillit de sa caisse inhabitable,
Sur ses ressorts de lecteur de décrets.
Quel est le nom de ce lieu très abstrait ?
Gare au virus ou gare d'une fable ?
Le poète confiné s'embrouillait...

5° Exotisme oublié
Vendredi 30 Octobre 2020

Épouvantable exotisme oublié
Sur ce papier glacé, froissé, plié,
Retrouvé sur le banc d'un pauvre square
Dans ce gros bourg provincial sans histoire
Quel est ce lieu assailli de palmiers ?

C'est un prospectus délavé, rogné,
Démodé d'aspect, dans un vieux panier.
Une belle actrice en robe du soir
Éprouve à table un exotisme oublié.

Volant comme un oiseau de papier,
Il est arrivé froissé, replié
Par hasard en octobre, un soir,
Reposant sur le banc d'un pauvre square,
Sur ce papier glacé, froissé, plié,
Épouvantable exotisme oublié.

6° Franchir la porte
Vendredi 30 Octobre

Franchir la porte, écrire, imaginer
Fourbir une aventure à machiner,
Construire un plan, agencer la façade
Ne pas adopter le style maussade,
Écrire en souplesse et sans s'échiner.

Tu peux écrire un roman cuisiné,
Épicé, haché, longtemps mariné,
Mais il vaut mieux, pour ne pas être fade,
Franchir la porte, écrire, imaginer...

Essaie d'éviter les lapalissades,
Arme ton suspense, essaie l'escalade,
Évite le parquet patiné,
Préfère le rugueux vitaminé,
Tu pourras, comme un touriste en balade,
Franchir la porte, écrire, imaginer.

7° Lecture par temps de confinement
Cauchemar du 31 Octobre 2020

Pour lire, je vais chez l'apothicaire.
Il est vendeur de récits sanitaires,
Dans le ton des burlesques pharmacies,
Il s'embrouille dans l'art des péripéties,
C'est aussi fendard que chez un libraire.

Des tas d'illustrés extraordinaires,
Chatoient, nourrissent notre imaginaire.
Les notices colorées y scintillent...
Pour lire, je vais chez l'apothicaire.

C'est un artiste des joies sanitaires,
Virtuose aux talents très littéraires.
La vendeuse, actrice d'anthologie,
Déclame ses boîtes de poésie
Et s'imagine bibliothécaire...
Pour lire, je vais chez l'apothicaire...

8° Espiègle Automne
Dimanche 1er Novembre 2020

Ses feuilles chantent, tourbillonnent,
Dansent et frôlent, papillonnent,
Multicolore chatoiement,
Elles flottent élégamment,
Elles s'amusent, le vent chantonne.

Leur charme improvise et crayonne,
Le portrait de l'espiègle Automne.
Danseuse aux pouvoirs surprenants,
Ses feuilles chantent, tourbillonnent.

Elle improvise savamment
Des prodiges époustouflants
Elle est subtile, Espiègle Automne
Et les spectateurs s'en étonnent.
Elle imagine élégamment,
Ses feuilles chantent, tourbillonnent...

9° Pot de Rimes contre Pot de Frimes
(Duel au vallon de Poésie)
Mardi 3 Novembre 2020

Vint, Pot de Rimes s'enjailler joyeux,
En Poésie, ce vallon merveilleux...
D'un roc descend l'horrible Pot de Frimes.
Tourbillonnant, il enrage à l'escrime,
Agite un sabre, enguirlande en teigneux :

« Je suis pot d'échappement besogneux !
Sabreur serpentin ! j'esbroufe en cagneux !
En Poésie, vallée des vers sublimes !
Vain pot de frimes ! vantard écailleux ! »

Pickpocket, il subtilise les rimes
Du poète ; exigeant qu'on les imprime
Sous son nom de fanfaron globuleux.
Mais Pot de Rimes bat le crapuleux ;
D'un geste vif, artiste et pantomime ;
Vainc Pot de Frimes, rimailleur, glorieux...

10° Une huître pauvre et belge ne rime à rien
Mercredi 4 Novembre 2020

Une huître, pauvre et belge, cherche sa
Rime, alors elle entame un long voyage
Qui la conduira jusqu'aux U.S.A.
(Parenthèse étonnée d'un coquillage).

Tout commence par le braconnage
D'un papillon, sur sa fleur d'hortensia.
Il est vain, blanc, étonné qu'aux parages
Une huître pauvre et belge cherche ça.

Cherche quoi ? son vain blanc, pas l'hortensia.
« Quel est cet absurde batifolage ?
« Ce n'est pas là que tu trouveras ta
Rime ! » alors elle entame un long voyage.

Tandis que féroce gronde un orage,
Elle met son casque, enfourche un Vespa,
File jusqu'au rafiot de cabotage.
Qui la conduira jusqu'aux U.S.A.

Après avoir visité le delta
Du Nil, Tokyo et ses embouteillages,
La Tour Eiffel et l'aiguille d'Étretat
(Parenthèse étonnée d'un coquillage).

Elle atteint New York, s'étonne au passage
Que rien n'y rime avec elle et fissa
Elle épouse un vin blanc car, le cépage,
Une huître pauvre et belge cherche ça...

11° Arbre décor
Samedi 7 Novembre 2020

Il t'étonne au théâtre d'ombres
Tandis qu'en peintre tu dénombres
Les branches de l'arbre-décor.
Ses dentelles se font rapports
D'arts allégoriques sans nombres.

Ses branches ramifiées en ombre
Sculptent leur cinéma-pénombre.
Inverse d'une palme d'or,
Il s'adonne au théâtre d'ombres.

Sur le mur ses échos d'accords
Sont-ils concorde ou désaccords ?
Sont-ils labyrinthe en surnombre
Ou l'absurde qui désencombre ?
Quel est ce jeu qui te rendort
Et tâtonne au théâtre d'ombres ?

12° Les oiseaux de l'arbre...
Samedi 7 Novembre 2020

Ses branches, ramifiées en ombre,
Inversent une palme d'or,
S'adonnent au théâtre sombre
Des oiseaux de l'arbre-décor.

Chaque branche devient le bord
D'une scène peuplée de nombre
Enchanteurs aux plumages d'or,
Ces branches ramifiées en ombre...

Leur chant jaillit dans la nuit sombre,
Leurs notes perlent en accords,
Leur rythme est rude, leurs pénombres
Inversent une palme d'or.

Ils jouent mieux qu'un joueur de cor
Les épisodes en surnombre
Qui se dentellent sans support,
S'adonnent au théâtre sombre.

Tandis qu'en peintre tu dénombres,
Les branches de l'arbre d'accord
Coupent une dentelle à l'ombre
Des oiseaux de l'arbre-décor.

Tandis que bruisse l'art dehors,
Tu fredonnes ton âpre sombre,
Sculptant d'un cinéma d'accords,
Ses branches ramifiées en ombre.

13° Il s'écroule à la devanture
Samedi 7 Novembre 2020

Il s'écroule à la devanture
De l'étal de littérature.
Des bouquins d'art, des usuels,
Des livrets verts, des manuels
Forment un château d'aventures.

Ces livres construits en structure
Pour vivre grâce à la lecture,
Bientôt voient chuter le cruel,
Il s'écroule à la devanture.

Il ressemble à Pantagruel,
Son langage est inactuel,
Croustillant de fioriture,
Frétillant de nomenclature,
Labyrinthe conceptuel,
Il s'écroule à la devanture.

14° Le cirque
Dimanche 8 Novembre 2020

Ils applaudissent, au spectacle,
Un zèbre chantant de travers,
Des trapézistes sans obstacle,
L'automate faiseur de vers.

Monsieur Loyal discourt en l'air.
Les spectateurs sont réceptacle,
Ébahis, les yeux grand ouverts.
Ils applaudissent, au spectacle.

Voici à présent un miracle :
Un lion qui rugit à l'envers.
Monsieur Loyal porte au pinacle
Un zèbre songeant de travers.

C'est beau ces grands palmiers tout verts
Et ce boa qui siffle et racle
La muse au corsage entr'ouvert,
Les trapézistes sans obstacle.

Jamais l'acrobate ne bâcle
Sa vie d'enrouleur d'univers
Ni celui qui peine et renâcle
L'automate faiseur de vers.

C'est terrible un cirque ! et divers...
L'otarie dégèle en débâcle
Ça finit donc en fée d'hiver.
Ils applaudissent au spectacle.

15° L'arsenal
Mardi 10 Novembre 2020

Cet ample excessif n'est il qu'infroissable ?
Ce qui flotte à peine est-il sous-marin ?
Dans l'arsenal au rythme intarissable,
Le vent transporte un goût de romarin.

Ce chantier prend des airs de souterrain.
Sans doute est-il un peu château de sable ?
L'ingénieur a des airs de Tartarin.
Cet ample excessif n'est-il qu'infroissable ?

Ses canons gris sont-ils canonisables ?
Ils ne promettent que ruine et chagrin,
Submersion débordante, inexcusable.
Ce qui flotte à peine est-il sous-marin ?

L'atelier studieux s'agite et s'astreint
Au geste ingénieux, capitalisable,
Bricolant son submersible pétrin,
Dans l'arsenal au rythme intarissable.

Esquisse de tuyauterie passable,
C'est un esquif de combat sous-marin.
Sera-t-il molosse ou baleine affable ?
Le vent transporte un goût de romarin.

L'ingénieur avait sculpté plein d'entrain
Son Nautilus, baroque et périssable,
En passoire (objet d'art contemporain).
Ce transperce esquif n'est il qu'un « broie fable » ?

16° Elle habitait Besançon
Mercredi 11 Novembre 2020

Mary Poppins avait un sac sans fond
Et un chapeau dont on ne parle guère
Qui préparait des repas au plafond,
Mary Poppins avait du caractère.

Elle vivait, dit-on, en Angleterre.
Je prétends qu'elle habitait Besançon
Et vivait à l'ombre d'un réverbère.
Mary Poppins avait un sac sans fond.

Son parapluie était un polisson
Qui planait comme un universitaire.
Elle portait des fleurs de Besançon
Et un chapeau dont on ne parle guère.

Ce n'était pas un béret de grégaire
Pour des grignoteurs de pomme en chausson,
Mais un canotier qu'on n'imite guère
Qui préparait ses repas au plafond.

Sa boussole embarquait comme un chiffon,
En région d'Absurdie, le sédentaire
Qui chez lui voulait lire un Xénophon.
Mary Poppins avait du caractère.

Dessiné à la mode d'avant-guerre
Son couvre-chef amusait Besançon
Et rameutait les étoiles sur terre,
Mary Poppins avait un sac sans fond.

17° Chante et danse...
Mercredi 11 Novembre 2020

Chante et danse, amuse en chemin
D'un rythme ternaire athlétique,
Ne te crispe pas, souple, humain,
Scande un vif esprit poétique.

Ajoute, enrichis ton lexique,
Écoute l'âme au féminin,
Enroule un sourire esthétique
Chante et danse, amuse en chemin.

Écris sans attendre demain,
Sculpte une prose alphabétique,
Chanson d'un sens sibyllin,
D'un rythme ternaire athlétique.

Ne blesse pas, sois empathique,
Ne hurle pas, danse gamin,
Essaie de sortir ta musique,
Ne te crispe pas, souple, humain.

Danse et chante, étrange Arlequin,
D'un souffle vaste et sympathique,
Ne te vexe pas, baladin,
Scande un vif esprit poétique.

Écoute ce son harmonique
De la cloche au son cristallin.
Ouvre-toi au bruit symphonique,
Chante et danse, amuse en chemin.

19° En attendant le discours
Jeudi 12 Novembre 2020

Pour éviter qu'un discours t'influence,
Cultive ton attente en vagabond
Et laisse advenir l'infinie nuance,
Le sens y danse et s'esquive en rebond.

Sans effort et sans sortir de tes gonds,
Les mains propres, masqué, tu te balances.
Tu testes la balançoire, en gascon,
Pour éviter qu'un discours t'influence.

Le digne orateur, l'oeil hagard, te lance
Toujours ses sourds calembours en béton,
De quoi rebondir dans la truculence.
Cultive ton attente en vagabond.

Le vertige est dans l'à peu près glouton.
Ne relâchons pas notre vigilance.
Conceptualise le guéridon
Et laisse advenir l'infinie nuance.

N'allons pas nous perdre dans la béance,
Extrayons le lexique en demi-ton.
Essayons l'élastique ou l'endurance,
Le sens y danse et s'esquive en rebond.

Déguste ton écran en marmiton.
L'astuce y surgit dans l'intermittence
Du spectacle, en instructif mirliton,
Pour éviter qu'un discours t'influence...

20° Jamais un mur n'arrête...
Dimanche 15 Novembre 2020

Jamais un mur n'arrête la samba.
Le rythme est vif, rapide incalculable.
Tu lies tes ratures, tu notes tout bas :
Que raconte une danse interminable ?

Elle répand son geste combinable
Sans armée, sans canon, sans bazooka.
Elle ouvre une victoire insoupçonnable,
Jamais un mur n'arrête la samba.

La chorégraphie tracée au compas
Dessine une image, esquisse une fable.
Le sourire y éclate, il n'attend pas.
Le rythme est vif, rapide incalculable.

Elle est rythme et rime superposable,
Sa poésie est son seul avocat.
D'un stylo qui court au charme irisable,
Tu lies tes ratures tu notes tout bas.

L'horizon s'éclaire et soudain combat
Ce bétonné grisâtre insoutenable.
Les danseuses brillent, c'est juste un constat.
Que raconte une danse interminable ?

Elle est charme, enroule un rythme impeccable.
Elle est geste et vous offre sans dégât
Son éblouissant spectacle implacable.
Jamais un mur n'arrête la samba.

21° Le goûteur de roman-spaghetti
Lundi 16 Novembre 2020

Que nous dit-elle cette silhouette ?
On dirait un brouillard de confettis.
C'est le bavard professeur Pirouette,
Le goûteur de roman-spaghetti...

Pourquoi son allure nous divertit ?
Pourquoi ce grand fou rire à l'aveuglette ?
Dix moqueurs valent un homme averti.
Que nous dit-elle cette silhouette ?

Elle examine une thèse incomplète
En point d'interrogation graffiti
Qui tremble dans cette salle aigrelette.
On dirait un brouille-art de confettis.

On a rapporté que dans son amphi
Les foules bouillonnaient pour sa recette,
Savouraient ses calembours par défi.
C'est le bavard professeur Pirouette.

On prétend même assure une alouette
Qu'en retraité, patata, patati,
Il continue à pousser sa brouette,
Le goûteur de roman-spaghetti.

C'est une intrigue pour mettre en appétit,
Aventure bornée pour la cueillette,
Ciselée en chapitres-clapotis,
Scène en dentelle, ascètes silhouettes...

22° Bristol d'identité
Mardi 17 Novembre 2020

L'original antique artistocrate
Tend son carton d'antique identité
À l'agent soupçonneux ; le bureaucrate
Scrute, au nez, son bristol, déconcerté.

C'est juste un poème aux couleurs d'été,
Baroque absolument pas technocrate,
Imaginé par sa sincérité
D'original antique artistocrate.

Je suis Orphée de Plume Artistocrate.
Je recherche uniquement la beauté.
Je rime, écris, m'amuse et je m'éclate.
Prends mon carton d'antique identité.

Soupçonnant quelque malhonnêteté,
L'agent fronce ses sourcils d'autocrate.
L'artiste fixe, l'air interloqué,
D'un regard soupçonneux le bureaucrate.

Tous deux se méfient ; le poète hydrate
Son encre au goût d'originalité :
Mais pourquoi ce grisâtre à tête ingrate
Scrute au nez mon bristol d'identité ?

Ne sent-il pas que je suis, moi, porté
Par le parfum des muses disparates ?
J'obéis juste au style feuilleté
D'original antique artistocrate...

23° Ce guignol bibliothécaire
mardi 17 novembre 2020

Ce guignol bibliothécaire amuse,
Par hasard, le flâneur crapahuteur.
Marionnette ornant la prose confuse,
Il fait danser le lecteur amateur.

Le spectateur découvrant cet acteur
Ne comprend pas tout de suite la ruse
Du miroir tendu par ce chahuteur.
Ce guignol bibliothécaire amuse.

Fier de sa bibliothèque profuse
Guignol bat son rythme comme un batteur.
Son jazz vif désarçonne et méduse,
Par hasard, le flâneur crapahuteur.

« Arrête-toi mastodonte à moteur ! »
Lance-t-il, comme un enfant qui s'amuse,
Aux applaudissements des spectateurs,
Marionnette ornant la prose confuse.

Ce cri du coeur ajoute une diffuse
Aventure à l'écho dilatateur,
Roman parfait pour émouvoir la muse
Il fait danser le lecteur amateur.

Le clown agité, joyeux bouquineur
Rapide écuyer de l'hypoténuse
Lit tout en diagonale avec bonheur
Ce guignol bibliothécaire amuse.

24° Il est en pantoufle
Mercredi 18 novembre 2020

Il est en pantoufle, elle est en chaussure.
Il boit son thé au salon, c'est le soir.
Le héros esprit épris d'aventures,
Dit *Le Grogneux*, se réjouit de s'asseoir...

J'ai heurté un objet sur le trottoir !
Une femme déboule à toute allure
Dehors, pas un réverbère, il fait noir.
Il est en pantoufle, elle est en chaussure.

À l'heure où l'on rêve en littérature
Une femme sortie de nulle part,
Surgit chez lui, juchée sur ses chaussures
Il boit son thé au salon, c'est le soir.

À dix-sept heure en hiver, il fait noir
C'est l'heure où l'on peut rouler sa voilure
Rentrer au port, boire un thé de terroir,
Ce héros esprit épris d'aventures.

Un bon thé se savoure en Épicure,
Mais l'imprévu difficile à prévoir
Soudain s'invite avec désinvolture
Quand *Le Grogneux* se réjouit de s'asseoir...

Qui est l'inconnue surgie du trottoir,
Énigmatique et charmante figure ?
Lisez-donc *Le Grogneux* pour le savoir !
Il est en pantoufle, elle est en chaussure...

25° Zou Maréflexes
Jeudi 19 Novembre 2020

Il s'appelait Zou Maréflexes,
Cet excentrique individu.
Il s'exprimait en sons complexes
Langage étrange à bruits tordus.

Son lexique était distordu.
Que peignait-il ? des tons perplexes.
Son œil roulait, bleu, éperdu,
Il s'appelait Zou Maréflexes.

Il s'exprimait en rétroflexe.
On en riait bien entendu.
C'était un plasticien « burlexe »
Un excentrique individu.

Son art abstrait poussait aigu
En forme d'angles circonflexes
Dressé vers le palais, tendu.
Il s'exprimait en sons complexes.

Le rétroflexe décomplexe,
Explorant le palais pointu
De sa langue concave ou convexe,
Langage étrange à bruits tordus

Son art s'est partout répandu,
Regards, objectifs, multiplexes.
Célèbre artiste reconnu,
Il s'appelait Zou Maréflexes.

26° Laisse Aya...
Vendredi 20 novembre 2020

Ton charabia joue l'enferré,
Tu t'emballes dans ton bagage
Car t'es mytho bien trop serré
T'entends la crise du langage...

Ne viens pas borner l'arpentage,
Ton feuillage peut s'assécher,
Ton roman devient un saccage,
Ton charabia joue l'enferré.

Sois libre, apporte un truc léger,
Grimpe au-delà du bastingage.
Quand ta rime vient s'embourber,
Tu t'emballes dans ton bagage.

Écoute la rue qui s'engage.
Jubile aux airs de liberté.
Tu ne seras qu'un pauvre otage
Car t'es mytho bien trop serré.

Ne sois pas rouillé, encerclé,
Ouvre ta porte au feuilletage.
Blême est ton lexique aveuglé,
Entends la brise du langage.

Entends ses subtils démarquages.
Laisse Aya venir t'éclairer,
Sa danse est souple et sans saccage.
Sans charabia pour l'enferrer.

27° Toi qui sais
Samedi du 21 Novembre 2020

Toi qui sais cultiver la synecdoque
Toi qui sais qu'Hollywood est cinéma
Toi qui sais qu'un vocable est plurivoque,
Oublies-tu ce que c'est qu'un cadenas ?

Ta littérature est un estomac
Qui digère ensemble Gibis, Schadoques,
L'Odyssée, l'Iliade et Caligula...
Toi qui sais cultiver la synecdoque,

Toi qui sais que l'engrenage est breloque
Que le roman intime est Paméla,
Oublies-tu que suspense est amerloque ?
Toi qui sais qu'Hollywood est cinéma ?

Parle un peu d'elle et du mannequinat,
Sa vie d'actrice est lectrice et baroque.
L'enfance y rime avec l'orphelinat.
Toi qui sais qu'un vocable est plurivoque,

Sauras-tu développer ce qu'évoque
La Californie pour l'anonymat
De l'orpheline tandis qu'on la loque ?
Oublies-tu ce que c'est qu'un cadenas ?

De la prison jusqu'à l'assassinat,
Ce drame en technicolor se disloque...
Figure ! et rime-nous ça sans schémas !
Toi qui sais cultiver la synecdoque.

28° Voyage mélodieux
Samedi 21 Novembre 2020

Ce voyage sera-t-il mélodieux ?
Ces tortillards sont des épouvantables
Bicoques roulantes, chariots studieux.
Dont l'élégance apparaît réfutable.

Les muses aux figures lamentables
Essayaient de leurs regards vétilleux
De compter, d'arpenter l'évaluable.
Ce voyage sera-t-il mélodieux ?

Cet inconfort est plus que dispendieux,
Disaient-elles de leurs voix misérables.
Elles n'y trouvaient rien de merveilleux.
Ces tortillards sont des épouvantables

Refuges d'antiquités discutables...
C'est alors qu'apparut un merveilleux
Voyageur qui vanta l'inénarrable
Bicoque roulante, chariot studieux.

Il essayait de vendre à prix copieux
Son wagon poétique où quelques fables
Concurrençaient cet instant périlleux,
Dont l'élégance apparaît réfutable...

Mesdames ! voyager c'est admirable !
Déclamait-il en rondeaux broussailleux
Par lesquels il voulait paraître affable.
Ce voyage sera-t-il mélodieux ?

29° Ce voyage a des charmes merveilleux
Samedi 21 Novembre 2020

Le voyage a des charmes merveilleux
Disait la dame admirant le feuillage,
Film kaléidoscopique et joyeux
Où la campagne jouait son brouillage.

Quel est donc cet étonnant barbouillage
S'exclamait la dame au rêve radieux
Elle s'imaginait peut-être au village
Le voyage a des charmes merveilleux.

Le train défilait grinçant des essieux.
À travers les feuilles filaient les villages.
Il faudrait en faire un art audacieux,
Se disait-elle admirant le feuillage.

Ce train qui filait était l'outillage
Par lequel ces rochers montagneux
Se tissaient en original quadrillage,
Film kaléidoscopique et joyeux.

Le spectacle se déployait soyeux
C'était un artistique raffinage
Un mélange d'arbustes broussailleux
Où la campagne jouait son brouillage.

L'artiste augmentait le batifolage
Des fenêtres sur leurs rails écailleux
Par son imaginatif bricolage...
Le voyage a des charmes merveilleux.

30° Voyage audacieux
Dimanche 22 Novembre 2020

Le spectacle se déployait soyeux
L'or automnal colorait le feuillage
Un mélange compliqué, broussailleux
Où la campagne jouait du brouillage.

À travers les feuilles filaient les villages.
L'auto s'envole en grinçant des moyeux !
Tout cela sentait le rafistolage,
Le spectacle se déployait soyeux

Plus bas brillaient des rochers montagneux,
Les champs tissaient leur savant quadrillage,
Film kaléidoscopique et joyeux.
L'or automnal colorait le feuillage.

C'était un esthétique barbouillage
Comme un tableau d'art abstrait merveilleux,
C'était un poétique paysage,
Un mélange compliqué, broussailleux.

Un administrateur trop sourcilleux
Aurait trouver à redire à ce bredouillage.
Était-ce artistique ou bien périlleux,
Cette campagne jouant du brouillage ?

Sans doute était-ce un audacieux voyage
Dans la brume et le sauvage astucieux.
L'auto n'était qu'un vétuste empilage
Le spectacle se déployait soyeux...

31° Batifolage de novembre
Lundi 23 Novembre 2020

L'averse augmente le batifolage
De novembre, qui grisaille écumeux,
Par son imaginatif bricolage.
Son ciel gris est un geste impétueux.

Novembre est un obscur tempétueux.
Son art souffle un obstiné fignolage.
Il est sombre, mais des gris nébuleux,
L'averse augmente le batifolage.

Ce n'est pas un théâtre de village.
C'est un drame où les actes tortueux
Embrument le ruisselant paysage
De novembre, qui grisaille écumeux.

En esquissant cet opéra brumeux,
En dessinant cet étrange empilage,
L'averse invente un drame fabuleux
Par son imaginatif bricolage.

L'automne voit se dissiper l'orage
Que l'été faisait rugir écumeux.
Novembre y trempe un nouvel essorage,
Son ciel gris est un geste impétueux.

Un trait se précise, un autre est fumeux,
Le gris se rythme en danse de nuages.
Le trouble s'y moque du nébuleux,
L'averse augmente leurs batifolages...

32° Le maître de l'algorithmisme
Mardi 24 Novembre 2020

Le crépuscule invite au poésisme...
Le citadin confiné, reniflard,
Est rivé sur internet par civisme,
Réflexe de spectateur pantouflard.

Le civique internaute est tranchelard.
Il coupe il zappe, il poursuit par suivisme
Les aventures d'un traîneau traînard.
Le crépuscule invite au poésisme...

C'est une mode un nouveau classicisme,
L'écran nous prône un Noël confinard.
Le père Noël double en nervosisme
Le citadin confiné, reniflard...

La rumeur court qu'il n'est qu'un dégonflard
Et qu'il prend des cours de capitalisme.
Le père Noël, confiné roublard,
Est rivé sur internet, par cynisme.

Publicitaire armé de psittacisme,
Ce roublard s'y déguise en goguenard
Complotiste épris de catastrophisme,
Réflexe de spectateur pantouflard.

Quoi ! c'est lui ? ce complotiste trouillard ?
C'est lui, le maître de l'algorithmisme.
Il hante internet en robot fouinard.
Le crépuscule invite au poésisme...

33° Juste un affûtage
Mercredi 25 novembre 2020

La poésie est juste un affûtage
Le fait-divers dicte un texte imparfait.
Le poète écoute ce clapotage,
Puis, aiguisé, lime un rondeau surfait.

Il est alors déçu, insatisfait.
Les faits ne rentrent pas dans l'emboîtage.
Et le réel se rabote imparfait,
La poésie est juste un affûtage.

Mais trop souvent elle n'est qu'un bruitage
Son auditeur découvre stupéfait
Que sa rime n'est qu'un déchiquetage,
Le fait-divers dicte un texte imparfait.

Dehors un misérable contrefait
Parle en argot d'un obscur brocantage,
On le surprend sur les lieux d'un forfait
Le poète écoute ce clapotage.

Il y perçoit un étrange ergotage,
Un discours d'antiquaire satisfait.
Le poète ronge son frein (otage)
Puis, aiguisé, lime un rondeau surfait.

Il y cisèle un fait-divers parfait,
Vertige absurde au complexe ajustage,
Où seul son style aiguisé se défait.
La poésie est juste un affûtage.

34° Un vendeur normal
Mercredi 25 Novembre 2020

J'étais un vendeur normal au départ,
Juste un vendeur d'outil de bricolage
Mais je suis devenu un léopard
Avec deux cornes, deux oreilles... sauvage.

On m'a engagé comme personnage
Dans un jeu vidéo, nul, et sans art...
Où j'étais féroce avide en carnage.
J'étais un vendeur normal au départ.

Dans ce jeu, j'étais un ogre en costard
Qui dévorait les bambins en sauvage,
Auparavant j'étais juste un fêtard,
Juste un vendeur d'outils de bricolage.

La vie d'ogre n'est que déchiquetage
Sans raison on dévore en combinard
Je voulais être un autre personnage
Mais je suis devenu un léopard.

C'est arrivé à cause d'un tocard
Une espèce de sorcier d'élevage
Je voulais être héros pas léopard
Avec deux cornes, deux oreilles... sauvage.

Ce sorcier amateur en bricolage
S'est trompé dans ses étranges bazars.
Il m'a mis des cornes jaunes, sauvages...
J'étais un vendeur normal au départ.

35° L'écriture est un sport (recette d'écriture)
Mercredi 25 Novembre 2020

L'écriture est un sport très convenable.
L'entrainement suppose obstination,
Stylo plume, encre et rêves sur la table,
Une pincée de procrastination...

Attendre un peu pour l'extermination
De vos brouillons est souvent préférable.
Ne rangez pas ! le désordre est traction !
L'écriture est un sport très convenable.

Écrivez une phrase insaisissable
Le lecteur aime les scènes d'action
Où la phrase échappe indisciplinable.
Lent traînement suppose obstination.

Tracer les mots avec jubilation
Implique de traîner d'un air affable
Son matériel de dramatisation :
Stylo, plume, encre et rêve sur la table.

Il faut laisser mûrir la phrase aimable
Ne la cueillir pour la fabrication
Que lorsqu'on a bien épicé sa fable
D'une pincée de procrastination.

Le lecteur doit bouillir d'excitation
Son attente doit être indéfrisable
Surprenez-le par votre conclusion :
L'écriture est un sport très convenable !

36° Pour la danse
Vendredi 27 Novembre 2020

Pour la danse le monde est vibrateur ;
Le poète est effaceur de barrière.
Pour lui le rythme est un incubateur
Qui éclaire sa discrète clairière.

Observe, écoute, au-delà des barrières.
La terre est riche au vers circulateur.
Explore, innove au-delà des arrières,
Pour la danse le monde est vibrateur.

Ses harmoniques tiennent en hauteur
L'atelier de la muse couturière
Qui brode son tissu ondulateur.
Le poète est effaceur de barrière.

Observer la plaine betteravière,
Charcutée par la charrue du tracteur,
Offre au poète une danse guerrière.
Pour lui le rythme est un incubateur.

Dans les sillons du champ calculateur
Naît l'activité manufacturière
De ce poétique accumulateur
Qui éclaire sa discrète clairière.

Laisse venir la prose roturière.
Jongle avec elle en gesticulateur.
Le poète est effaceur de barrière ;
Pour la danse le monde est vibrateur.

37° Le conte de l'hippocampe
Vendredi 27 Novembre 2020

Ses rondeaux pour l'oreille sont traducteurs ;
L'hippocampe est un conteur de première
Pour lui les livres sont des projecteurs
Qui éclairent nos jours de leur lumière.

Observe, écoute, au-delà des barrières.
Un livre est riche à l'oreille des lecteurs.
Explore le sens, ferme les paupières,
Ces rondeaux pour l'oreille sont traducteurs.

Leurs mots coulent et bercent le rêveur.
Ils expliquent le bruit de la rivière
Ils content une histoire à l'auditeur.
L'hippocampe est un conteur de première.

Regarde briller l'eau de la rivière
Elle offre à l'oeil ses reflets, ses couleurs.
Elle offre au livre une riche matière,
Pour nous ces reflets sont des projecteurs.

« Ces reflets sont un film » dit le conteur.
Un cinéma qui naît dans la rivière.
Un dessin animé « hippocampeur »
Qui éclaire nos jours de sa lumière.

Écoute couler ce conte en rivière
Jongle avec lui en joyeux auditeur
L'hippocampe est un conteur de première,
Son rondeau pour l'oreille est traducteur.

38° L'auteur qui veut entrer dans la carrière
Samedi 28 Novembre 2020

L'auteur qui veut entrer dans la carrière
Doit faire attention aux chutes de pierre,
Au libraire au souffle évaluateur,
Au critique à l'oeil examinateur,
Mais aussi à l'intense blogosphère...

Après l'écriture procédurière,
Le livre éclate en folie langagière.
Instagram accueille, en adulateur,
L'auteur qui veut entrer dans la carrière.

Si ton livre est un élucubrateur
Va sur l'Instagram gesticulateur.
Ta vie d'écrivain sera printanière.
Athlète à la rature tracassière,
Il est sensible au geste émulateur,
L'auteur qui veut entrer dans la carrière...

39° Il porte des lunettes...
Samedi 28 Novembre 2020

Il porte des lunettes insolites
Quand le soir tombe, il explore en lecteur
Des surfaces feuillues hétéroclites
Une matière à encrer en rêveur.

Le temps est long pour quiconque en profite
Disait Voltaire aux assauts de langueurs.
Le vent accourt pour quiconque en hérite
Il porte des lunettes insolites.

Pour qui regarde à travers, vient ensuite
Une histoire à nommer :« l'aspirateur
Des impressions du jour », rêve sans suite
Quand le soir tombe, il s'expose au lecteur.

Il jaillit de la feuille, un nouveau facteur
Le causeur de réel, le phraseur qui va vite,
L'écrivain qui s'emmêle, émulateur
Des surfaces feuillues hétéroclites

Il écrit, il enregistre; et favorite,
Apparaît la muse de l'écriveur.
Il apprend, il surprend très reconstruite
Une matière à encrer en rêveur.

La plume envisage que cet acteur
Pourrait n'avoir aucun autres mérites
Que de parler comme un vieil orateur
Et porter des lunettes insolites...

40° Lecture qui danse au chant des lyres
Dimanche 29 Novembre 2020

Le chant des lyres fait danser de loin,
Le temps de lire qui gîte au délice
Du soir au salon près de l'âtre au coin
Du feu tandis le hibou se glisse...

Où se glisse-t-il ? Dans la nuit métisse
Il rythme la samba sur le rond-point,
Près du restaurant du Gros qui Ratisse
Le chant des lyres fait danser de loin.

C'est une mélodie de marsouin
C'est une chanson pure qu'un hibou plisse
En cadence près de la grange aux foins
Le temps de lire surgit ô délices !

Voilà le hibou qui vole et son chant lisse
Une idylle au hasard du mur disjoint
Tandis que brille le voyage d'Ulysse
Un soir au salon près de l'âtre au coin.

Au coin du feu bien sûr, mais en coulisse
Le rêve naît déjà au creux du baragouin
De la flamme qui crépite au caprice
Du feu tandis que le hibou se glisse...

Où glisse-t-il ? il chante, il vole, il glisse
Il s'est perché sur l'arbre du rond-point,
Il amuse la lune sans malice...
Le chant des lyres fait danser de loin.

41° Le temps court
Dimanche 29 Novembre 2020

Le temps court et les mots chantent trop vite.
La foule découvre que cet acteur
Pourrait n'avoir aucun autre mérite
Que d'avoir des lunettes de blagueur.

Il chante assez faux, en plus, ce chanteur.
Sur scène il discute, il parle, il s'agite.
Le texte est obscur pour les spectateurs.
Le temps court et les mots chantent trop vite.

Le spectacle coule et la salle évite
De marquer le coup, d'huer le jacteur.
Tapi dans l'ombre un critique cogite :
« La foule découvre que cet acteur,

Écrit-il sur l'écran de son twitteur,
« Découvre que cet acteur émérite
« Trop pressé par le rythme du prompteur
« Pourrait n'avoir aucun autre mérite

« Que d'être un excessif météorite
« Un éclair qui passe un hâtif bringueur
« N'ayant pas d'autre art pour sa Sybarite
« Que d'avoir des lunettes de blagueur... »

Sa prose est riche pour le bref twitteur.
La critique ombrageuse fut très vite
Oublié par l'opinion blablateur.
Le temps court et les mots chantent trop vite.

42° Plus durable qu'un enregistreur...
Lundi 30 Novembre 2020

Le policier qui torture et tabasse
Pour déchaîner son racisme en fureur,
Sait-il que parfois la rime loquace
Est plus durable qu'un enregistreur ?

Souvent la rime évite l'ergoteur
Le faits-divers lamentable et fugace,
La rime n'aime pas l'usurpateur :
Le policier qui torture et tabasse...

Mais quand le *gardien de la paix* dépasse,
Les bornes de la haine et de l'horreur,
Quand l'uniforme se mue en rapace
Pour déchaîner son racisme en fureur...

La rime doit devenir projecteur,
S'insurger quand la morale trépasse.
Celui qui joue l'excès dans la terreur
Sait-il que la rime est loquace ?

L'excès de pouvoir s'achève en impasse.
L'autoritarisme est un piètre acteur.
La rime face au racisme qui casse
Est plus durable qu'un enregistreur.

À quoi rime un pleutre dominateur ?..
Il termine au cachot, dans l'ombre lasse,
Sa déplorable existence, d'aigreur,
De policier qui torture et tabasse...

43° Décembre a surgi
Mardi 1er Décembre 2020

Décembre a surgi blafard, brusquement.
À minuit précis, cavalier d'automne,
Il est apparu théâtralement.
Le soleil à l'aube glacée s'étonne :

Que se passe-t-il donc ? elle est bien bonne
Cette blague... et qui est ce garnement ?
Les arbres lui répondent en colonne :
Décembre a surgi blafard brusquement !

C'est un spectre, il nous berce fraîchement !
Le soleil s'endort, les arbres frissonnent.
Pourquoi as-tu bondi absurdement,
À minuit précis, cavalier d'automne ?

Je suis sorti d'un coup de ma bombonne
Du ressort théâtral de minuit, quand
La lune s'embrume et brouillonne.
Il est apparu théâtralement.

Décembre est timide, il serre les dents,
Brumeux et froid, il attend qu'on lui donne,
Cette bise qui glace, en nous mordant.
Le soleil à l'aube glacée s'étonne.

Le premier jour est passé monotone
Dans l'air gris dépourvu de givre blanc.
Au matin brumeux d'un nocturne automne,
Décembre a surgi blafard, brusquement.

44° À propos de La Mutualisation du crime
Mercredi 2 Décembre 2020

Signé Jean-Marc Pitte, il joue, prolifère...
Ce polar palpite et fouille un magma
De vingt ans de manigances... d'affaires...
De pions, d'échecs, de bruits, d'assassinats...

La Mutualisation du crime a
La saveur d'une intrigue policière.
Livre plein d'énigmes, troublant climat,
Signé Jean-Marc Pitte, il joue, prolifère...

Otis, journaliste obstiné, sincère
Va de Budapest à New-York à la
Recherche d'un polymorphe adversaire.
Ce polar palpite, et brasse un climat...

En champs, contrechamps comme au cinéma,
En changeant de focale tout s'éclaire.
Otis, le héros, perce cet amas
De vingt ans de manigances, d'affaires...

À l'écart se tissent d'obscures sphères
Quand lumineuse paraît Samah.
Reine sur un échiquier délétère
De pions d'échecs, de fruits d'assassinats.

Suspense, rebondissements, tout est là...
Ce polar, construit avec savoir-faire,
Peut même ouvrir à de brûlants débats.
Signé Jean-Marc Pitte, il joue, prolifère.

45° Un tout petit colosse
Samedi 5 Décembre 2020

L'homme au gibus avait l'air d'un molosse,
La femme en crinoline l'admirait.
Il était beau malgré son air féroce,
Son regard la subjuguait, l'aspirait.

La pièce irréelle rapetissait,
La femme aurait voulu courir, véloce.
Mais cet être étonnant la captivait.
L'homme au gibus avait l'air d'un molosse.

C'était juste un type habile au négoce,
Un V.R.P. en chocolat au lait.
De près il était plutôt beau gosse,
La femme en crinoline l'admirait.

La dame était surprise et soupe au lait,
Elle aurait voulu fuir dans son carrosse,
À lui, un torpédo qu'elle l'admirait.
Il était beau malgré son air féroce.

On aurait dit un tout petit colosse,
C'était un rustre au bucolique attrait,
Il l'invitait dans un bouge en Écosse.
Son regard la subjuguait, l'aspirait.

On se souvient dans le Pas-de-Calais,
De l'art du boxeur habile au négoce,
Sachant manier son chocolat au lait.
L'homme au gibus avait l'air d'un molosse.

46° L'absurde n'est pas inamovible
Samedi 5 Décembre 2020

L'infâme carnassier disparaîtra,
Car l'absurde n'est pas inamovible.
La guerre à la fin on s'en remettra
Même si la paix est inaccessible.

Le poète imagine inaccessible
Un monde d'un style abracadabra
Infini, l'optimisme est extensible
L'infâme carnassier disparaîtra.

Par quel stratagème ce sparadrap
Pourra-t-il soigner l'art hypersensible
Atteint dans sa chair chez Cassandra
Car l'absurde n'est pas inamovible

Le rêve, à cultiver l'insubmersible,
Parvient à remonter en fier-à-bras
Les victimes de l'atroce inflexible
La guerre à la fin on s'en remettra.

Inlassable on entretient le substrat
D'une diplomatie, l'art impossible
Et pourtant merveilleux qui gagnera
Même si la paix est inaccessible.

Rimons donc avec l'incompréhensible,
Un jour quelque chose les convaincra.
Aucune cruauté n'est irréversible.
L'infâme carnassier disparaîtra.

47° Par quel stratagème oiseau parviens-tu ?
Dimanche 6 Décembre 2020

Par quel stratagème, oiseau, parviens-tu
À capturer dans ton chant cette histoire ?
Est-ce par hasard que ton chant têtu
Joue d'un art complexe et combinatoire ?

Enchanteur tu chantes jubilatoire
Sur l'arbre très automnal, dévêtu,
Quelque chose qui danse giratoire.
Par quel stratagème, oiseau, parviens-tu ?

Un vieux scribe avance un peu abattu
Sous le poids des ans ; mais sa trajectoire
Dévie ; sans doute l'artiste impromptu
A-t-il tiré dans ton chant quelque histoire ?

Le vieux sage admire ton répertoire
S'assied à l'écart du chemin pentu.
Il t'entend lui réciter une histoire...
Est-ce par hasard que ton chant têtu

Semble rapporter d'un air convaincu
Le conte impressionniste évocatoire
Que le vieux poète admire quand tu
Joues d'un art complexe et combinatoire ?

Ton rythme a le pouvoir libératoire
D'un rêve au charme cent fois rebattu
D'où tires-tu ce conte exploratoire ?
Par quel stratagème, oiseau, parviens-tu ?

48° Silence et brouillard d'un lundi
Lundi 7 Décembre 2020

Silence et brouillard d'un lundi matin
Dans le sous-bois où les oiseaux se taisent.
Décembre est là, en grec ou en latin,
Ou dans le langage du feu de braises...

Ce feu dans l'âtre qui crépite apaise,
Réchauffe et ranime, élevant badin
Sa flamme qui danse la javanaise
(Silence et brouillard d'un lundi matin).

La flamme parle en langage indistinct.
Elle évoque une légende islandaise
Surgie d'un questionnement, ce matin,
Dans le sous-bois où les oiseaux se taisent.

Erik le Rouge établit l'hypothèse
Qu'avant tout le monde, son brigantin
A découvert l'Amérique islandaise.
Décembre est là, en grec ou en latin

Ou peut-être en idiolecte taquin,
En tudesque, en gothique, en terre glaise
En boule, en verre, aux branches du sapin
Ou dans le langage du feu de braises...

Légende en thèse, antithèse et synthèse
Qui rappelle ce rire du destin
Grimace où riment (entre parenthèses)
Silence et brouillard d'un lundi matin.

49° La reine de Décembre
Mardi 8 décembre 2020

Élégante, elle roule en Mercedes
Elle danse, elle est souple, elle se cambre
Souriante et toujours cool, pas de stress
Elle est la reine du mois de décembre.

Ses mille admirateurs font antichambre
Son véritable prénom est Agnès
Mais elle est célèbre sous le nom d'Ambre
Élégante, elle roule en Mercedes.

Elle s'exprime en langage S.M.S.
À l'usine, elle est Madame Bocambre
Elle broie sa ferraille sans pataquès
Elle danse, elle est souple, elle se cambre

Moulinant son minerai dès septembre
Elle sculpte des joyaux-edelweiss
Qu'elle perfectionne durant novembre
Souriante et toujours cool, pas de stress

Sur le marché ses bijoux font florès
Ses clients se déchirent se démembrent
Artiste, elle est fière de son bizness
Elle est la reine du mois de décembre.

Ce n'est pas de la musique de chambre
Son ouvrage est livré en mode express
Elle l'élabore dans son bocambre.
Élégante, elle roule en Mercedes.

50° Ô Perséphone
Mercredi 9 Décembre 2020

Ô Perséphone toi qui vers Hadès,
(Le dieu qui batifole sous la Sambre
En spéléologue et autres bizness)
Toi qui vers Hadès descends en décembre...

Est-ce pour fabriquer dans ton bocambre
Ce métal d'où germent les C.R.S.
Qui refleuriront de mai à novembre ?
Ô Perséphone toi qu'hiver a déç-

U quand décembre se déglingue express
Quand sa neige fond jusqu'à l'antichambre
Où ronfle et rugit le terrible Hadès,
Le dieu qui batifole sous la Sambre.

Que vois-tu Perséphone dans sa chambre ?
Dans son antre avec tout ce pataquès,
Est-ce qu'il se tortille et se démembre,
En spéléologue et autre bizness ?

Y-es-tu pour quelque chose ? et ce stress
De fin d'année tandis que tu te cambres
Sous terre en exercices de fitness
Toi qui vers Hadès descends en décembre.

Est-ce toi qui effeuilles, qui démembres
L'automne en conduisant ta Mercedes ?
Ô toi qu'hiver a déçu quand décembre
Opère ses faux nez, toi qui vers Hadès...

51° Destin d'un étrange bonhomme de neige
Jeudi 10 Décembre 2020

Flocons blancs et neigeux que je malaxe
Pour en sculpter un bonhomme tout blanc,
Un chef-d'oeuvre, avalanche de syntaxe,
Construit par hasard à peu près sans plan...

Le résultat sera-t-il d'art troublant
Ou bien Rubik's cube abstrait qu'on surtaxe ?
Que deviendrez-vous en vous rassemblant
Flocons blancs et neigeux que je malaxe ?

Je sais qu'il ne faut pas oublier l'axe
Autour duquel on sculpte en la doublant
La boule de neige que l'on désaxe,
Pour en sculpter un bonhomme tout blanc.

Ce passe-temps n'est un poison sanglant
Que pour l'amateur qui feignant se relaxe
Improvisant frénétique et tremblant
Son chef-d'oeuvre, avalanche de syntaxe.

Qui connaît l'effet de la parallaxe,
Sans cadrage et sans être tire-au-flanc,
Évitera l'art obscur qu'on surtaxe,
Construit par hasard à peu près sans plan...

Au soleil j'apprends que le faux semblant
Fond à la chaleur : un jour on me faxe
Le liquide arc-en-ciel des chancelants
Flocons blancs et neigeux que je malaxe.

52° Un rond d'eau dans un puy
Samedi 12 Décembre 2020

Un rond d'eau dans un puy, comment savoir
S'il existe ou bien s'il n'est qu'un mirage ?
Il faut se pencher pour l'apercevoir,
Tout au fond dans l'eau, ce reste d'orage.

L'esprit sceptique ignore le message,
Il ne croit pas toujours ce qu'il peut voir.
Quel est cette onde en forme de présage,
Un rond d'eau dans un puy ? comment savoir ?

L'esprit crédule étreint sans percevoir
C'est sûr, c'est Aphrodite ce brouillage.
Comment vérifier, comprendre et savoir
S'il existe ou bien s'il n'est qu'un mirage ?

L'esprit critique éparpille le grimage
C'est un rubik's cube au fond du lavoir
Il faut juste analyser cette image
Il faut se pencher pour l'apercevoir.

Mais non, cet art illuminant le soir
Rempli de passion et d'enfantillage
C'est le geste d'un céleste arrosoir,
Tout au fond dans l'eau, ce reste d'orage.

Est-ce un rubik's cube est-ce un barbouillage
Est-ce une œuvre d'art ou un abreuvoir ?
Ou est-ce une endive encore au mouillage ?
Un rond d'eau dans un puy, comment savoir ?

53° L'esprit crédule
Samedi 12 Décembre

L'esprit crédule avançait vers l'écluse
Il flânait vers Aphrodite en chasseur.
Comment vérifier, le goût que récuse,
S'il existe, un esthétique emballeur.

La marche est un acte ventilateur,
Pensait le flâneur attendant l'intruse
Qui happerait son œil admirateur.
L'esprit crédule avançait vers l'écluse.

Il venait de sortir de sa cambuse.
Il aimait ce boulevard cajoleur.
Dans l'ennui parfois la joie est incluse.
Il flânait vers Aphrodite en chasseur.

L'art de Vénus sera-t-il enjôleur
Et son humeur sera-t-elle arquebuse ?
Comment vérifier le poids d'une humeur,
Comment vérifier, le goût qu'on récuse ?

Il ne se passait rien, surgit la muse.
Elle causait comme un vieux haut-parleur
Et l'aspirait comme une ivre méduse,
S'il existe, un esthétique emballeur...

Le boulevard parfois est ciseleur
De joyaux, d'impression vive et profuse.
Il flânait, nez en l'air, en butineur,
L'esprit crédule avançant vers l'écluse.

54° Les branches mortes
Dimanche 13 Décembre 2020

Les branches mortes moulinaient le ciel.
La plaine s'étendait très monotone.
En hiver le branchage est essentiel,
Dans la brume il arrive qu'on tâtonne.

Vibrant sous le vent la plaine aiguillonne.
Rien ici de morne et superficiel.
Brouillé, un horizon qui nous étonne.
Les branches mortes moulinaient le ciel.

Nous marchions, remués, sensoriels.
Le vent mugit et la ruine chantonne.
Le paysage aime à être sériel,
La plaine s'étendait très monotone.

Ce sont les traits qui transforment l'automne
En hiver, s'échappant les tons pastels.
Il grisonne et la grisaille est gloutonne.
En hiver le branchage est essentiel.

Fais confiance au regard parfois partiel.
Fais confiance à la chance qui chantonne.
Si de nos jours l'image est en pixels,
Dans la brume il arrive qu'on tâtonne.

La campagne en silence nous ordonne
D'écouter le souffle du cher Ariel.
Le vent nous parle en images brouillonnes.
Les branches mortes moulinaient le ciel.

55° Pour brosser la fête
Dimanche 13 Décembre 2020

Ce sera un conte rempli d'images
Où danse un carnaval passe-partout.
Il faudra illustrer quatre cents pages
Pour brosser la fête aux quatre cents coups.

Une fanfare exquise ornée partout,
Lancera le bal : chaloupés tapages
Qui scandent rythmés l'instant du hibou.
Ce sera un conte rempli d'images.

Rien n'arrête cet exaltant partage.
Le swing accélère et les brise-cous
Envahissent les prairies du bocage
Où s'enfle un carnaval passe-partout.

Aucune dépense et pas un surcoût
N'est refusé au festif délestage.
Pour peindre les danseuses jusqu'au bout,
Il faudra illustrer quatre cents pages.

En attendant, vivons la fête, otages
Que nous sommes de ces joyeux Papous.
Le sourire ici n'est qu'un avantage,
Pour brosser la fête aux quatre cents coups.

Le champagne excellent pétille beaucoup,
La musique amplifie son engrenage.
On rit, on danse, on gagne à tous les coups.
Ce sera un conte rempli d'images.

56° Formée d'une averse
Lundi 14 décembre 2020

Elle était allongée sur le chemin ;
Elle était flaque avec indifférence,
Formée d'une averse en décembre vingt,
Tantôt miroir et tantôt transparence.

Mêlée de grisaille, en protubérance
Du ciel infini peint d'un tournemain,
Elle reflétait son exubérance,
Elle était allongée sur le chemin.

Si son reflet disparaîtra demain,
Elle était miroir avec fulgurance
Dans la lumière oblique du matin.
Elle était flaque avec indifférence.

Éphémère impression d'itinérance,
Dévoilant l'humus, reflétant l'humain,
Surface mince et cependant immense,
Formée d'une averse en décembre vingt,

Elle est flaque ou lac pour jeux de gamins.
Ils y hasardaient leur vague expérience,
Ils y lançaient leurs bateaux parchemins,
Tantôt miroirs et tantôt transparence.

Elle était océan de nonchalance,
Instant d'été dans un automne urbain,
Au milieu d'un chantier d'indifférence,
Elle était allongée sur le chemin.

57° Un pas léger
Lundi 14 Décembre 2020

Surface mince et cependant immense,
Trace d'un espoir de décembre vingt,
Éphémère impression d'itinérance,
La marque sur le sol de pieds humains.

C'est un pas léger marquant le chemin,
Pointes de danseuse en persévérance,
Peuplant le papier, parfum féminin,
Surface mince et cependant immense.

Quelque-chose est inscrit solide et dense
Indéchiffrable, la trace imprime un
Hiéroglyphe évoquant l'exubérance :
Trace d'un espoir de décembre vingt.

Rien de tout cela n'est simple ou bénin,
On peut n'y voir qu'une simple apparence ;
Mais elle apparaît sous le parchemin,
Éphémère impression d'itinérance.

Cette terre humide est exubérance
Sablonneuse elle retient l'écrivain
Qui perçoit ce souvenir d'une danse
La marque sur le sol de pieds humains.

Peut-on les redire en un tournemain
Dans un style exigeant la cohérence ?
Comment traduire un infini trait vain,
Surface mince et cependant immense ?

58° Quelque chose est inscrit
Mardi 15 décembre 2020

Quelque chose est inscrit solide et dense,
Indéchiffrable, la trace imprime un
Code secret bruissant d'exubérance,
Trace d'un espoir de décembre vingt.

Sans doute est-ce un accord de clavecin,
Une portée de notes d'importance
Inégale où surgit l'accord félin.
Quelque-chose est inscrit solide et dense.

Chacun trouvera la correspondance
Imprévue de cet étonnant dessin.
Ce n'est qu'arabesque et surabondance
Indéchiffrable, la trace imprime un

Effet de rythme sur la rétine, un
Echo qui résonne en longue séquence
De l'étrange il tire un accord sans fin
Code secret bruissant d'exubérance.

Sous le pupitre où se lit l'élégance,
Un clavier muet raconte aux confins
Du concert merveilleux, sa résistance.
Trace d'un espoir de décembre vingt.

À l'écoute du concert clandestin
L'exquise ose, invitée du rythme, et danse
Indéchiffrable et chiffrable sans fin.
Quelque-chose est inscrit solide et dense...

59° Vade mecum du voyageur
Mardi 15 décembre 2020

Échos de voyage en surabondance.
Un périple est un geste de l'esprit.
Ne manquez pas votre correspondance
On ne vous remboursera pas le prix.

Parvenir au quai, courir aguerri,
Parcourir la gare avec élégance
Dans le flux, le reflux des malappris,
Échos de voyage en surabondance.

Celui qui bouge en nomade a la chance
De n'avoir pas le cerveau rabougri.
Il ouvre un livre empli d'arborescence,
Un périple est un geste de l'esprit.

L'évasion fait fleurir nombre d'écrits,
Quelques impressions, de l'efflorescence,
Des nouvelles d'un ailleurs dernier-cri.
Ne manquez pas votre correspondance.

Évitez l'argileux avec aisance,
Contemplez, courez, laisser le récit
Naître et jaillir en roman-renaissance.
On ne vous remboursera pas le prix.

Mais vous gagnerez un long manuscrit
Foisonnant de souvenirs, d'imprudences,
D'obstacles franchis, de nuits sans abri,
Échos de voyage en surabondances.

60° Le beau brocoli
Jeudi 17 Décembre 2020

Le beau brocoli dans son potager
Redoute d'être dévoré en sauce,
Il voit déjà l'assiette où vont nager
Ces spaghettis dont le poisson se gausse.

Ce brassica oleracea hausse
En bon latin dans son parc ombragé,
Ses branches d'arbre-chou ; il se rehausse,
Le beau brocoli dans son potager.

Il contemple d'un air ennuagé
Le jardinier qui flâne tranquillôsse
Dans l'allée où les légumes rangés,
Redoutent d'être dévorés en sauce.

Le jardinier porte des hauts-de-chausse.
Le brocoli puise au sol engorgé,
Du pied, la riche sève qui exhausse.
Il voit déjà l'assiette où vont nager

Les pauvres légumes désagrégés
Parmi quelques épices qu'on exauce
Et quelques acrobates passagers :
Ces spaghettis dont le poisson se gausse.

C'est l'horizon des légumes de Beauce.
Le brocoli frémit d'envisager
Ce festin : il se voit déjà en sauce,
Le beau brocoli dans son potage... et...

61° Danse des corps sur les choeurs de Purcell
Samedi 19 décembre 2020

Embrouillages des cœurs en corps de lettre,
Torpillage et torpeur d'un ciel trop gris,
Étripage des peurs à reconnaître,
Le désaccord t'écoeure et tu l'écris.

Encore au port, un navire assombri
Attend son départ ; puissant de mal-être,
À bord, Énée de Didon incompris,
Embrouillages des cœurs en corps de lettre.

Il faut partir, finir trop tôt, démettre,
Écrire au revoir au risque du mépris,
Être sourd aux cris du cœur sans promettre.
Torpillage et torpeur d'un ciel trop gris.

Didon et Énée, désormais transcrits
Par Purcell en chants (danse anémomètre
Des passions ouragans) en pleurs, sans prix.
Étripage des peurs à reconnaître.

Quand l'opéra voit les corps se démettre
Il grave son vide au cœur incompris.
Et l'orchestre emplit ton potentiomètre.
Le désaccord t'est choeur et tu l'écris.

Énée s'enfuit, Didon s'enfouit, le tri
Des peurs éloigne aux ports l'amour à naître.
Âpre triage aux corps des cœurs épris.
Embrouillages des choeurs en corps de l'être

62° Le brossage en biais
Samedi 19 Décembre 2020

Le brossage en biais du soleil d'aurore
Rend l'instant superbe au flâneur perdu.
Quelque-part un rouge-gorge sonore
Pousse un cri d'automne, un chant suraigu.

C'est l'heure où les nuages sont vêtus
D'une armure au plastron multicolore
Que fait jaillir de leurs prismes tordus
Le brossage en biais du soleil d'aurore.

L'aurore automnale est-elle oxymore ?
Le silence offre un écho suspendu
À cet insolite qui, matamore,
Rend l'instant superbe au flâneur perdu.

Le marcheur admire au sol, répandu
Le feuillage éteint qui se décolore.
Rêveur a-t-il seulement entendu
Quelque-part un rouge-gorge sonore ?

Quel est ce charme que son rythme instaure
Dans ce silence en écho répandu ?
Un oiseau seul au plastron bicolore,
Pousse un cri d'automne un chant suraigu,

Petits bruits brefs, sans cesse interrompu,
Gouttes de rythme au goût de métaphore
D'un automnal matin hypertendu,
Du brossage en biais du soleil d'aurore.

63° La critique héliportée
Lundi 21 Décembre 2020

La critique héliportée se hérisse
Quand le rêveur se risque à publier
Dans les nuages son sobre exercice,
Espiègle au cœur battant, sans bouclier.

L'auteur, dans son Olympe, émoustillé,
Boucle ses courbes d'encre avec délice.
Mais le scrutant sans jamais vaciller,
La critique héliportée se hérisse.

Avec sa lorgnette dévastatrice,
Elle renifle d'un nez quincailler,
Puis grogne que ça sent l'inspiratrice
Quand le rimeur se risque à publier...

La critique aux regards entortillés
En cercles concentriques rapetisse
Son survol à genoux pour mordiller,
Dans les nuages, son sobre exercice.

Elle applique sa règle usurpatrice,
Son calibre au compas écarquillé :
« Cette Aphrodite a l'air provocatrice,
Espiègle au cœur battant sans bouclier... »

Mais quand le public choisit d'appuyer,
De plébisciter cet hymne à l'actrice.
En plongeant dans son puits sans se mouiller
La critique élit, porte... esquive... esquisse...

64° Lettre qui surgit
Mardi 22 décembre 2020

Marquant la feuille d'un parfum féminin,
Surface mince et cependant immense,
C'est un point léger pointant le chemin,
Pointe de danseuse qui ensemence...

L'hiver apporte avec sa véhémence
La pluie, la brume et la joie du gamin
Découvrant la lettre et sa désinence
Marquant la feuille d'un parfum féminin.

La courbe est dessinée, belle, à la main,
L'enveloppe est fermée, sa provenance
Est mystérieuse, elle est en parchemin,
Surface mince et cependant immense.

Puisée dans la boîte à correspondance
Ce pli fermé, caressé par la main
Offre son signe empli de résonance,
C'est un point léger pointant le chemin.

S'achevant sur son point, roman fait-main,
Cette promesse attend la pétulance
De ta lecture, un rythme sous la main,
Pointe de danseuse qui ensemence...

Parfois le bonheur naît d'une apparence,
D'une courbe de lettre évoquant un
Rire, un regard, un signe une attirance
Marquant la feuille d'un parfum féminin.

65° Inexorable impasse
Mardi 22 Décembre 2020

Le temps qui file et s'assombrit
Qui prend qui file et qui écrit
En creusant l'hiver la grimace
Nous raconte la vie qui passe,
Dehors, sans amis, sans abri.

Parfois, sans même un petit cri,
Un homme meurt sous un ciel gris
Victime de l'instant qui casse,
Ce temps qui file et s'assombrit.

Un rêveur parfois plein d'audace
Jette un oeil du bout de l'impasse
Vers ces ignorés incompris.
La misère un jour les a pris,
Emportés comme une heure enlace
Le temps qui file et s'assombrit.

66° Le lexicographe
Mercredi 22 Décembre 2020

L'écriture est un simulacre
De course errante qui consacre
L'auteur en trouveur de rochers.
Finie l'époque des cochers,
Qui déclamaient du haut du fiacre.

Parfois il arrive qu'on sacre
D'une simple couronne en nacre
Le lexicographe écorché.
L'écriture est un simulacre.

Le scripteur aime rapprocher
Quelques tropes effilochés
Sur quelques rimes qu'il massacre
De sa métaphore un peu âcre.
Pour l'éreinté cygne amoché
L'écriture est un simulacre.

67° Petit manuel de rhétorique
Mardi 22 Décembre 2020

D'un coup d'art hachant ton exorde,
Attaque en ganache qui morde !
Le lecteur doit être englouti
Par les flots de tes clapotis.
Ne sois surtout pas monocorde.

Enchaîne ensuite au clavicorde
Virtuose en ellipse aborde
Ta narration, abrupt précis.
D'un coup d'art hachant ton exorde.

Qu'un flot sanglant bien cramoisi
Rejaillisse ensuite épaissi
Qu'un fleuve écarlate en déborde
Se divise et se désaccorde
Torrentiel, incisif ainsi
Qu'un trouble arrachant ton exorde.

68° Esquisse de passacaille
Mercredi 23 Décembre 2020

   Malgré l'obscurité du jour
   N'oublie pas de peindre à ton tour
   Les bruits du monde qui déraille.
   L'écho que renvoie la muraille
   N'est qu'éphémère aller-retour.

   Tout s'agite et ton stylo court
   À la poursuite d'un contour
   D'un croquis précis qui détaille
   Malgré l'obscurité du jour.

   Décembre est sombre, il encanaille
   Le vertigineux qui défaille,
   Perdu dans l'instable détour
   Que lui imposent ses doigts gourds,
   En esquissant sa passacaille
   Malgré l'obscurité du jour.

69° La critique à hélice
Mercredi 23 Décembre 2020

Écrire est un âpre exercice
À vivre, un superbe délice.
Mais le risque est de publier
Sans se munir d'un bouclier
Face à la critique à hélice.

Qu'est-ce la critique à hélice ?
Héliportée par sa malice
Elle mitraille sans barguigner :
« Écrire est un âpre exercice ! »

L'auteur n'a plus qu'à replier
Son stock à la cave, au cellier...
L'horrible critique à hélice
Bourdonne attaque et se hérisse
En persiflage bombardier :
« Écrire est un âpre exercice... »

70° Invité chez Hadès
Mercredi 23 Décembre 2020

L'auteur qui cause en S.M.S.
Et qui voyage en Mercedes
Finit rarement en décembre
Son poème au goût de gingembre
Car souvent le grisâtre Hadès

L'invite à venir en express
Visiter son C.N.R.S.
Alors il se cabre il se cambre
L'auteur qui cause en S.M.S.

Une accorte femme de chambre
Accueille l'auteur qui se démembre
En exercices de fitness
Puis il bredouille devant Hadès
Son infini hâve comme l'ambre,
L'auteur qui cause en S.M.S.

71° L'âpreté du réel
Mercredi 23 Décembre 2020

L'âpreté du réel n'enlève
Jamais le mot qui surélève
Le lecteur jusqu'au souvenir
Qui parvient à le soutenir
Au gré de sa nacelle à rêve.

Alors, du cœur de sa vie brève
Le brave acteur vogue sans trêve.
Cet art semble lui convenir,
L'âpreté du réel n'enlève

Que rarement à l'avenir
Ce considérable élixir
Poétique où l'astuce élève
L'humeur vers l'honneur qui relève
La trappe aux tristes du menhir
Qu'apprêté, le réel enlève...

72° L'attelé à l'écriture
Mercredi 23 Décembre 2020

L'attelé à l'écriture n'est pas
Un bœuf ployant sous le joug dont le pas
Va lourd, pesant, en écrabouillant la terre.
Il est peut-être un rêveur qu'un mystère
Étonne jusqu'à jeûner au repas.

L'écriture n'est pas un bazooka
Transformé en charrue pour la pampa
Par un graphomane que cet austère
Attelé à l'écriture n'est pas.

Il n'est pas peintre d'art-abstrait sévère.
Il n'est pas un râleur minoritaire
Qui veut marquer le chemin de son pas
Griffu comme une plume de combat.
Voilà tout ce qu'en termes fragmentaires
L'attelé à l'écriture n'est pas...

73° Intrigué
Mercredi 23 Décembre 2020

Intrigué par tous ces mots qui bousculent
Irrigué par les peurs du crépuscule
Tu penses, réfléchit, miroir déformé,
Des couleurs de ce monde inexprimé
Ton écriture naît conciliabule.

Sans doute est-ce une erreur, récapitule
Peut-être est-ce juste, éprouve et bascule
Dans ce compartiment inanimé,
Intrigué par tous ces mots qui bousculent

Ce journal est-il lisible, informé ?
Ce banal est impossible mal formé.
Le fait-divers empile ses crapules,
Ce style écrit trop plat est ridicule.
Et cependant tu l'absorbes, sonné,
Intrigué par tous ces mots qui bousculent.

74° Cette épopée d'un traîneau...
Jeudi 24 Décembre 2020

Cette épopée d'un traîneau sur sa branche
Conduit par un lutin à barbe blanche
Brisant la glace embourba son héros.
Prosaïquement je n'ai plus de mot
Pour expliquer comment cela s'enclenche...

Ce type étant habile comme un manche,
Jouait au looping sur son truc en planche
(Elle est chantée dans l'arbre par l'oiseau,
Cette épopée d'un traîneau sur sa branche)...

On prétend qu'il a surgi d'assez haut
Pour se coincer dans l'arbre le traîneau...
Au volant : un lutin à barbe blanche
(Sans masque) alors aussitôt l'arbre flanche...
C'est ainsi que dégringola dans l'eau
Cette épopée d'un traîneau sur sa branche.

75° Le poète
Jeudi 24 Décembre 2020

Interminable il dégringole
Ce rimailleur, il cabriole.
Le public est bien embêté
Car cet auteur est entêté.
Il a l'écriture hyperbole.

Il fait jaillir sa farandole
D'inepties qu'on dicte à l'école,
Pour des élèves hébétés.
Interminable il dégringole.

C'est un grand poète appointé
Il aime avec alacrité
Lancer des livres qu'il bricole
Pour lecteur très cavernicole.
Son style creuse à satiété.
Interminable il dégringole.

76° Le sort des pauvres reclus
Jeudi 24 Décembre 2020

On parle, on ne s'écoute plus.
C'est le sort des pauvres reclus
Murés à l'abri d'une porte
Par peur de l'assaut des cohortes
Et autres dangers farfelus...

Pour être à l'abri du reflux
On ferme la barrière au flux
De la belle et tendre âme accorte.
On parle, on ne s'écoute plus.

L'ignorance à la fin s'importe
Malgré le barrage et l'escorte.
Tous ces bavards sourds et joufflus
En ergotage irrésolu
Croisent leurs mots, mais peu importe...
On parle, on ne s'écoute plus...

77° Ces inattendus
Vendredi 25 Décembre 2020

Ce sont juste des souvenirs
Peut-être échos de devenir ?
Ils sont présents, simples images
Peut-être sont-ils trois rois mages ?
Ou philosophes par plaisir ?

Poètes sans doute à venir
D'un livre où l'on pourra cueillir
Quelques fleurs ou quelques nuages ?
Ce sont juste des souvenirs...

Est-ce un rêve de chalutage ?
Ou dans le désert un mirage ?
Le risque serait de vieillir
En oubliant de rajeunir.
Ces inattendus marque-page
Ce sont juste des souvenirs.

78° Silhouette d'un Noël vingt
Vendredi 25 Décembre 2020

On découvre une étonnante lumière
Quand on se hausse au-dessus de l'ornière.
L'horizon vaste éclairé du soleil
Est silencieux, serein comme un sommeil,
Animé de rêverie conseillère.

L'admiration se rythme irrégulière
Du charme de l'école buissonnière.
Les hasards de l'ombre ouvrent leur éveil
On découvre une étonnante lumière,

Danseuse imprévue, bavarde en conseil,
Féconde en sagesse et vive au réveil,
Noël a son accorte printanière,
Cette inconnue un peu à la charnière.
Entre son rêve et son chant sans pareil,
On découvre une étonnante lumière.

79° Wamber Tistyle
Samedi 26 Décembre 2020

Wamber Titsyle a sa tête et ses pieds,
Deux jambes, une plume et du papier.
C'est un poète il écrit du grand style.
Il est célèbre, il voyage indocile.
Il est élégant, mais très casse-pieds

Il travaille tout seul et sans équipier.
Il écrit des bouquins photocopiés
Qu'il vend au libraire, aux lecteurs futiles.
Wamber Titsyle a sa tête et ses pieds.

Romancier génial et bibliophile
Imaginatif et toujours facile
À lire, il écrit sur le marchepied
De sa voiture, un tacot estropié.
Cette automobile est son domicile.
Wamber Titsyle a sa tête et ses pieds.

80° Accéléromètre
Dimanche 27 Décembre 2020

Sans prévenir, le soleil se leva
Il fallut suivre alors nous nous levâmes.
La journée cascadeuse accéléra.
Le soir survînt, songeurs, nous nous couchâmes.

La nuit dressa son voile et nous rêvâmes
La lune apparut son teint scintilla.
Les rêves furent arpenteurs de l'âme.
Sans prévenir, le soleil se leva.

Une matinée fertile fila
Sa toile d'écriture pour la dame :
La muse que le poète amusa.
Il fallut suivre alors nous nous levâmes.

La muse chanta, nous nous amusâmes
Cronos, facétieux lut, en scélérat,
Un texte acéré comme treize lames.
La journée cascadeuse accéléra.

Ce fut palpitant comme un opéra.
Les pizzicati frappèrent le drame
Qu'un orchestre ronronnant tempéra.
Le soir survînt, songeurs, nous nous couchâmes.

Toute la nuit, vous cousîtes la trame
D'une épopée qu'un poète éleva
Pour louer Pénélope en télégramme.
Sans prévenir, le soleil se leva.

81° Sur une côte de Bretagne
Samedi 2 Janvier 2021

Sur une côte éclairée de Bretagne
Un chemin foulé par le flot pressé
Des enfants et puis des femmes regagnent
Le bourg après un départ empressé.

Une armada du royaume agressé
Les abandonne, direction l'Espagne.
La foule est morne, ses regards blessés,
Sur une côté éclairée de Bretagne.

Pour dépeindre la tristesse en campagne,
Il faudrait un pinceau vif caressé
Par un geste que la foule accompagne,
Au chemin foulé par le flot pressé.

Ce spectacle de marcheurs abandonnés
Semble une forêt en marche, compagne
Bienveillante de tristes délaissés :
Des enfants et des femmes qui regagnent

Leurs foyers tandis qu'en mer, vers l'Espagne,
Époux, maris, marins pères stressés,
Abandonnent au filles et aux compagnes
Le bourg après ce départ empressé.

Que signifient ces arbres hérissés,
Penchés de biais tandis qu'un ouragan
Gagne l'humeur des amours délaissés,
Sur une côte éclairée de Bretagne ?

82° Pour profiter de la vendange
Samedi 2 Janvier 2021

Il a surgi dans le faubourg
Il avait un chapeau à frange
Riche faiseur de calembours
Il avait un sourire étrange

Sur le gazon près de la grange
La vigne exhalait alentour
Un parfum de lis et d'orange,
Il a surgi dans le faubourg

Les passants un peu pris de court
Regardaient resplendir l'étrange
Vêtu d'un tissus brandebourg
Il avait un chapeau à frange.

Esclave de son air d'archange
Il jouait son rôle à rebours
En tentant de donner le change
Riche faiseur de calembours

La silhouette de la tour
Découpait sur le ciel orange
Une ombre sur ses calembours
Il avait un sourire étrange

C'était un clown ou un archange
Il avait fait l'aller-retour
Pour profiter de la vendange.
Il a surgi dans le faubourg.

83° La Comtesse
Samedi 2 Janvier 2021

Elle est à Venise où tout tourbillonne.
La lagune immobile offre aux reflets
De sa plume un palais où s'illusionne
Cette comtesse écrivant son pamphlet,

Portrait de Venise qu'elle amplifiait
De sa vie romanesque qui bouillonne.
Tout dans son existence vacillait.
Elle est à Venise où tout tourbillonne.

La comtesse a la phrase tatillonne.
Flaubert au féminin avec mouflets
Elle est maman d'un gamin qui rayonne.
La lagune immobile offre aux reflets

Sa poésie qu'elle grave au fleuret
D'un geste où son estime papillonne.
Son histoire c'est Venise en juillet
De sa plume au palais où s'illusionne

Ses masques abrupts que déjà visionne
Sa main qui décrit l'âpre camouflet
Sur le grand canal, où vogue grognonne,
Cette comtesse écrivant son pamphlet.

Son manuscrit semble être maigrelet
Mais chaque jour elle ajoute, additionne
Plumes sur masques, encre sur feuillets.
Elle est à Venise où tout tourbillonne.

84° Le prince Haï Kou
Mardi 5 Janvier 2021

Ce fabuleux prince Haï Kou
Sur trois pieds valsait en syncope.
Sa béquille pendait à son cou
D'élégant dandy misanthrope.

Vedette du cinémascope,
Et philosophe casse-cou
Ainsi vivait en gyroscope,
Ce fabuleux prince Haï Kou...

Il jonglait tournait, notait tout,
Jonglait avec son périscope.
Tandis que ce dandy partout
Sur trois pieds valsait en syncope,

Dupliqués sur magnétoscope,
Ses numéros plaisaient beaucoup...
En écharpe exquise, interlope,
Sa béquille pendait à son cou.

Ses spectacles parlaient de tout
Il écrivait comme on galope
Des textes brefs (vendus partout)
D'élégant dandy misanthrope.

Féru du kaléidoscope,
Il rimait aussi en papou,
En japonais trépiékanthrope,
Ce fabuleux prince Haï Kou.

85° Au palais de Cupidon
Mardi 5 Janvier 2021

Cupidon, dans l'Olympe émoustillé,
Caresse effeuille Vénus avec délice.
Mais le scrutant sans jamais vaciller,
La critique héliportée se hérisse.

« *Cette déesse est trop provocatrice*
Pieds nus, le cœur battant, sans bouclier ! »
Les censeurs s'offusquent tandis que glisse
Cupidon dans l'Olympe émoustillé...

Ce château n'est qu'un amas de papier
Qui dans l'azur s'envole et rapetisse,
Tandis que son poème entortillé
Caresse effeuille Vénus avec délice.

Ce palais plume qui là haut dévisse
Serait, dit-on, un cahier d'écolier
Que l'air du temps fait flotter par caprice
Mais le scrutant sans jamais vaciller

Un astronome un peu magasinier
Y reconnaît son manuscrit d'Ulysse
Par la lucarne enfui de son grenier
La critique héliportée se hérisse.

Ce poème épique écrit par malice
Devait concourir, être qualifié
Avant que les censeurs de le punissent
Stupide onde en seau, un peu bousillé.

86° Cupidon
Mardi 5 Janvier 2021

Cupidon, pilote un peu bousillé
Ce gros coeur farceur gonflé par malice
Devait concourir, être qualifié
Avant qu'une ascension ne l'affadisse.

Le gaz absurde en torche le dévisse,
Comme un pliage, un Schadock en papier,
Sifflant dans l'air d'un bruit qui rapetisse,
Cupidon, pilote un peu bousillé.

En le scrutant, sans jamais vaciller,
On aperçoit des flèches qui hérissent
Les contours du bricolage écolier.
Ce gros coeur farceur, gonflé par malice

Nage en hérisson, comme une écrevisse.
Échappé par hasard de son grenier,
Ce monstre enflé par le farceur Ulysse
Devait concourir, être qualifié.

Vêtue d'un vieil arc aux bouts repliés
Une déesse un peu provocatrice
Déplia ce cœur simple entortillé
Avant qu'une ascension ne l'affadisse.

Ce cœur en baudruche alors par malice
Fut crevé par Vénus pour embrouiller
Aphrodite avec son benêt jocrisse,
Cupidon, pilote un peu bousillé.

87° Portrait d'Hyrisse
Mercredi 6 Janvier 2021

La critique héliportée se hérisse
Quand le rêveur se risque à publier,
Dans les nuages, son portrait d'Hyrisse
En short, le cœur battant, le six janvier.

L'auteur, dans son Olympe, émoustillé,
Caresse, effeuille sa muse avec délice.
Mais disséquant son rythme embastillé,
La critique héliportée se hérisse.

Avec sa lorgnette dévastatrice,
Elle compte les pieds sur l'oreiller
Puis conclut qu'ils sont à l'inspiratrice
Quand le rimeur se risque à publier...

La critique, aux regards entortillés
En cercles concentriques, rapetisse
Son survol, à genoux, pour mordiller,
Dans les nuages, son portrait d'Hyrisse.

La critique est féroce, usurpatrice
Et censure au compas écarquillé :
« Cette Aphrodite est trop provocatrice,
En short, le cœur battant, le six janvier ! »

Mais quand le public choisit d'appuyer,
De plébisciter l'hommage à l'actrice.
Barbotant dans son puits sans se mouiller
La critique élit, porte... esquive... et glisse..

88° La Synérèse du laurier
Mercredi 6 Janvier 2021

Appelons ce mot simple au Puy choyé,
Ce ballon naïf gonflé par malice.
Il veut concourir, sans être noyé
Avant qu'une ascension ne le trahisse.

Son laurier, en synérèse se plisse :
Voyelles froissées, Schadock en papier.
Dans son nuage il fuit, puis rapetisse.
Épelons ce corps simple, usé, broyé.

En éclairant avec un chandelier,
On perçoit des fêlures qui hérissent
Les flancs blessés du gonflage écolier,
Ce ballon naïf percé par malice.

Comme un évadé, comme une écrevisse
Claudiquant par hasard hors de l'évier,
Cet hymne orné de perles de Grevisse
Voulait concourir, sans être noyé.

Au portail, l'hôtesse aux yeux coloriés,
Une déesse exigeante en caprice,
L'accueille avec sa couronne en lauriers,
Avant qu'une ascension ne le trahisse.

Il s'élève et Vénus fait sa police,
Lorgne ses figures, le fait osciller.
Le ballon vrille soudain quoiqu'il soit lisse.
Apollon dans l'Olympe eut ses lauriers.

89° Modeste Rubik's Cube
Jeudi 7 Janvier 2021

Ce Rubik's cube au galbe désossé
Ce divin farceur d'arts mathématiques
Devait concourir sans se défausser
Malgré les assauts armés médiatiques.

Mais ce héros d'art pur philosophique
Comme un Schadock fut soudain déclassé.
La Providence devînt fatidique
Au Rubik's cube au galbe désossé.

Au lieu d'être un objet d'art cabossé
Adulé du public, de la critique,
Il fut par l'infâme un soir tabassé,
Ce divin farceur d'art mathématique.

Comme un hérisson mélodramatique,
Il fut chassé par des poux défoncés...
Ce pauvre aux carreaux multichromatiques
Ne peut concourir sans se défausser.

À la lumière, il préfère un fossé
À l'abri des vagabonds schématiques.
Il restera modeste et déchaussé
Malgré les assauts armés médiatiques.

Ce héros modeste et diplomatique
Ne sera pas, sur la cime, exhaussé.
Il préfère être obscur, anecdotique,
Ce Rubik's cube au galbe désossé.

90° Rubik's Cube, employé
Vendredi 8 Janvier 2021

Zélé gaucher, Rubik's cube employé,
Prince Humour, flâneur truffé de malice,
Voudrait resplendir, sans être noyé,
Avant que ses voyelles ne trahissent...

Il danse, mais Vénus fait la police,
Lorgne ses figures, le fait osciller.
Dans son nuage il s'amuse en pelisse
Ailé, gaucher, Rubik's cube employé...

En l'éclairant avec son chandelier,
Elle sent les fêlures qui flétrissent
Ses flancs blessés de farceur-écolier,
Prince Humour, flâneur truffé de malice.

Comme un évadé, comme une écrevisse
Claudiquant par hasard hors de l'évier,
Rubik's cube, en perles de Grevisse,
Voudrait resplendir, mais est rudoyé...

À l'accueil, Calliope aux yeux coloriés,
Une déesse exigeante en caprice,
L'excite avec une couronne en lauriers,
Avant que ses voyelles ne trahissent.

Son « hu » en « a », tragiquement se plisse :
Voyelles froissées, morphème avarié.
Calliope étrille le Prince, Amour s'esquisse,
Elle embauche un Rabbit's hâve employé.

91° La romance du Rubik's cube
Dimanche 10 janvier 2021

Le Rubik's cube héroïque miroite.
Il valse, aventurier d'un feuilleton,
Romantique et torride, où tout s'emboîte.
Une romance où rien n'est en carton.

Il scintille dans des rideaux de coton,
Où l'hésitation des acteurs n'est coite
Qu'en apparence ; tout serpente en python...
Le Rubik's cube héroïque y miroite.

Il n'est pas ce benêt mis en boîte
Par Zorro parce qu'il est faux jeton.
Une sensuelle âme le convoite.
Il valse aventurier du feuilleton.

Il est énigmatique il court le marathon
Répond aux interviews, son discours boite
En propos paradoxaux sur un ton
Romantique et torride où tout s'emboîte.

L'action rebondit, l'exquise déboîte
Sa plastique et Rubik's cube répond.
Ses couleurs s'alignent, dansent en boîte
Une romance où rien n'est en carton.

On y déguste un fringuant gueuleton
Où la troublante et fatale adéquate,
Colombine amoureuse à l'édredon,
Lie Rubik's cube, érotique, aux grilles moites...

92° Étonnante incroyable
Lundi 11 Janvier 2021

Raconte, étonnante incroyable,
L'errant Rubik's cube égaré
Parmi les papiers d'une table.
Il était seul et mal barré...

Il eut l'idée de comparer.
Il explora l'art du croyable
Comme un bateau désemparé
Par l'onde, étonnante incroyable.

Tu reçus l'amer effroyable
Dans son costume bigarré.
Décris-nous ce domptage affable
De ton Rubik's cube égaré.

Esseulé, rigide, effaré,
Il aurait voulu qu'on l'ensable,
Pour ne pas être déféré
Parmi les papiers d'une table.

Tel fut le drame inconfortable
D'un moderniste sidéré.
Rubik's cube était lamentable,
Il était seul et mal barré.

Son destin fut contrecarré
Car sa tête était carrossable
À ton pas superbe et révéré
Toi, blonde étonnante incroyable.

93° L'épopée du Rubik's cube
Mardi 12 Janvier 2021

Le Rubik's cube à l'époque eut sa gloire.
Il fut décoré fervent combattant.
Objet de plastique il ne fut pas poire.
Sa bravoure et son coeur furent patents.

Un aède habile en vers éreintants
Construisit pour lui son épopée noire.
Il fut alors héroïque éclatant.
Le Rubik's cube à l'époque eut sa gloire.

En ces temps obscurs où brilla sa moire,
Dans la nuit, dans l'ennui, lui, clapotant
Sous le déluge il conquit la mémoire.
Il fut décoré fervent combattant.

La mathématique à l'art barbotant
Lui offrit enfin sa combinatoire.
Il se colora d'un charme épatant,
Objet de plastique il ne fut pas poire.

Carré pathétique il eut la victoire
Contre grammaire au principe exceptant
Et rhétorique erratique exceptoire.
Sa bravoure et son coeur furent patents.

Il versifia, rima, séducteur et clinquant
Poésie l'épousa, ostentatoire,
Charmée par son calcul grandiloquent.
Le Rubik's cube à l'époque eut sa gloire.

94° L'écrit du chapelier
Mercredi 13 Janvier 2021

Rubik's cube est un fameux cavalier.
Il galope au creux des vallées sauvages.
Son voyage écrit par son chapelier
S'éparpille en emberlificotages.

Sous la neige, au soleil ou sous l'orage
Sans cesse en aux aguets, sur son destrier,
Il évite l'obstacle qui enrage.
Rubik's cube est un fameux cavalier.

Rubik's cube est rarement dévoyé
Par l'affreux qui rugit et qui rage.
Car son cheval esquive l'embrouillé.
Il galope au creux des vallées sauvages.

Il échappe ainsi au vaste oesophage
Du monstre affamé, cyclope éborgné.
Maints détails s'ajoutent au brossage
Du voyage écrit par son chapelier...

Il embrouille tout par crainte d'ennuyer
Ce fabricant de chapeaux à plumages.
Son style ébouriffant ou dépouillé,
S'éparpille en emberlificotages…

L'abus d'inélégance est embrouillage ;
Le brossage embrouillé est oublié.
Mais si nous n'apprendrons rien du voyage,
Rubik's cube est un fameux cavalier !

95° Un zélé bricoleur
Jeudi 14 Janvier 2021

Rubik's cube est un zélé bricoleur,
Mais il est surtout virtuose, artiste.
Son art plein d'audace est caracoleur.
Il compose il est inventeur-pianiste.

Avec un bocal, il est harmoniste.
En flottant sur scène, il rythme en couleur.
Avec sa passoire, il filtre en styliste.
Rubik's cube est un zélé bricoleur.

Certains assurent qu'il est footballeur,
Ingénieur des ponts-et-chaussées, cycliste,
Qu'il fait les crêpes à la Chandeleur,
Mais il est surtout virtuose, artiste.

Sa musique épate un peu les puristes.
Elle est vive et quadrillée d'une humeur
À percer le brouillard des jours trop tristes.
Son art plein d'audace est caracoleur.

On pourrait l'imaginer cavaleur,
Tant il s'agite en fringant machiniste,
Mais il observe aussi le monde en rêveur.
Il compose il est inventeur-pianiste.

Avec rien, il fait tout, ni pessimiste
Ni candide, il va il vient, fignoleur
D'échafaudage aux rêves pointillistes.
Rubik's cube est un zélé bricoleur.

96° D'un chat briguant une élection
Jeudi 14 Janvier 2021

Candide art à viser : le Rubik's Cube
Se présente à l'élection du plus beau
Refrain poétique orné d'un grand tube.
Coutume absurde aux regards des badauds.

Il se tord, fait du sport, biceps, abdos,
Se muscle et trottine au fond du Danube...
Sait-il ce qu'un plongeon provoque au
Candide art avisé, le Rubik's Cube ?

Il s'asphyxie dans le fleuve, il titube
N'étant ni scaphandrier ni crapaud.
Il oublie que si, chantant un vieux tube
Se présente à l'élection du plus beau

Scribe à la mode, un matou à chapeau,
Ce chat obtient plus d'électeurs qu'un Cube
(Futile Rubik's n'osant rien qu'un beau
Refrain poétique orné d'un grand tube).

Un chat surgit dans le Parnasse en tube.
Ce chat brigue, en rimant en échos,
Le suffrage à coups d'écriteaux de pube.
Coutume absurde aux regards des badauds.

Sans doute est-ce aux auditeurs de l'écho
(Et non pas au snob qu'une annonce entube)
D'apporter leurs voix au chat plutôt qu'au
Candidat ravisé (le Rubik's Cube)...

97° Au Parnasse
Jeudi 14 Janvier 2021

Le poète entrant au Parnasse
Explore ses nombreux couloirs.
Certains trop courts sont une impasse,
D'autres plus longs sont des parloirs.

Un seul, semblant ne rien valoir,
Étroit, conduit jusqu'à la trace
Où va, l'air de ne rien savoir,
Le poète entrant au Parnasse.

Il écoute, il observe, il brasse,
Au hasard, la rime sans voir,
Juste au son ; puis, rempli d'audace,
Explore ses nombreux couloirs.

Le Parnasse est à lui ce soir.
Il rabote ce qui dépasse.
Il teste les bruits du manoir,
Certains trop courts sont une impasse.

En éclair Maître Hahi Kou passe.
Il hache, expire en tamanoir.
Furtif Shakspeare, il brille, trépasse.
D'autres, plus longs, sont des parloirs.

« *On vit dans l'ardu nonchaloir...* »
Conclut le grand félin qui chasse
La rime ivre (il n'est qu'un chat noir,
Le poète entrant au Parnasse).

98° L'homme paysage
Samedi 16 Janvier 2021

Il subsiste des rides de sourire,
Des pâleurs de vives amours d'antan.
On perçoit des vallées, restes de rire,
Cet homme est un paysage du temps.

Ce sillon déclame ses longs printemps,
Ces dessins enchevêtrés sont à lire
Comme des saisons, additions d'instants.
Il subsiste des rides de sourire...

Comme une gravure, une épopée inspire
Quelques souvenirs qu'un regard étend,
Ses yeux bleus clairs couvrent un vaste empire
Des pâleurs de vives amours d'antan.

Ce savant dessin qui va serpentant
Est parfois secret d'un baiser d'Elvire.
Est parfois tonnerre, envers qu'on entend.
On perçoit des vallées, restes de rire...

Il ne dit rien, son œil pétille, sa lyre
Égrène des bouquets d'art redondant.
Il y a des rivières de vieux rire,
Cet homme est un paysage du temps.

Cet homme est un tissage à contre-temps,
Arpenteur de vallées, restes de rire,
De splendeurs, de passions, d'amours d'antan
Où subsistent des rides de sourire...

99° Sous le chapeau
Dimanche 17 Janvier 2021

Sous le chapeau, il y a l'écriture,
Un sourire, un front et puis son regard.
Il est inventeur de littérature,
Un esthète amoureux de tous les arts.

Il songe au mois d'août, dans les eaux du Gard,
Aux repas de sardines en friture...
Son couvre-chef lui est un peu radar,
Sous le chapeau, il y a l'écriture...

On dit qu'il a comme ancêtre Épicure.
Ce doit être vrai, couleurs de hasards
Qui entraînent au calcul d'envergure,
Un sourire, un front et puis son regard.

Ses fantaisies sont des airs de Mozart,
Au soleil, il paresse ; en hiver, perdure
Son goût de rêveur sur le boulevard,
Il est inventeur de littérature...

Michel Ange est son ami, la gravure
D'un de ses tableaux orne son bazar.
Son désordre est baroque aventure
D'un esthète amoureux de tous les arts.

Il fait la sieste un peu comme un lézard.
Il est simple amateur de confiture,
Un plaisir, un ton et les beaux-arts,
Sous le chapeau, il y a l'écriture...

100° La bergère et l'arpenteur
Mercredi 20 Janvier 2021

L'art géométrique atteindra-t-il l'île
Sans âpre électrique où brille sans rideaux
La prairie fleurie propice à l'idylle ?
L'arpenteur en rêve à bord du radeau...

Une tendre bergère et son troupeau
De moutons baroques loin de la ville
L'attendent dans leur jardin rococo.
L'art géométrique atteindra-t-il l'île ?

Elle apprend qu'il approche, esprit futile,
Il rame, il s'essouffle, sur son bateau,
Frêle esquif sans gaspillage inutile,
Sans âpre électrique, où brillent sans rideaux

Les gouttes de pluie propres aux ronds d'eau.
L'arpenteur, en séducteur grand style,
Rame alors que palpite en staccato
La prairie fleurie propice à l'idylle.

La bergère y voit danser ses mobiles
Moutons excités par ce concerto.
Préférant la voile à l'automobile,
L'arpenteur en rêve à bord du radeau...

Il navigue un peu comme un aristo,
Conquérant assuré de son idylle.
Mais c'est l'hiver... il craque son radeau...
L'art géométrique atteindra-t-il l'île ?

101° En l'entrelacs bureaucratique
Jeudi 21 janvier 2021

Elle a mis ses vêtements de gala
Pour ne pas sortir en jean's ordinaire
La muse préfère au short-falbalas
Sa robe éclatante, extraordinaire.

Dans l'hostilité d'un jeudi primaire,
Peuplé d'un troupeau de gris échalas,
Dame Poésie torpille le binaire.
Elle a mis ses vêtements de gala.

Élégante excentrique en l'entrelacs
D'un bureaucratique disciplinaire,
Elle endosse un baroque tralala
Pour ne pas sortir en jean's ordinaire.

S'amusant des synthèses fonctionnaires
Ou des évaluations postulats,
Pour ne pas affoler les actionnaires,
La muse préfère aux vers falbalas

La rime aiguisée comme un coutelas
Qui dissèque à l'humour l'art doctrinaire.
Goujat froissant dans son matelas
Sa robe éclatante, extraordinaire...

Dame poésie joue la débonnaire
Sans trébucher dans le bénévolat,
Pour mieux crier l'humeur alluvionnaire,
Elle a mis ses vêtements de gala.

102° J'avance...
Samedi 23 Janvier 2021

Paresse éprouvante, hoquets d'après fête,
Bleuté littéraire, opaque astucieux,
Ectoplasme antiquaire exquis ascète,
Ainsi j'avance écrivain séditieux...

À l'horizon rougeâtre délicieux,
L'hirondelle enchanteresse volète,
Isolée, solitaire objet factieux,
Paresse éprouvante hoquet d'après fête.

Acrobatie d'harmonies en navette
Entre souvenirs troublés facétieux
Excessif bavard obscure buvette
Bleuté mercenaire opaque astucieux,

Aphrodite hydromel, réveil studieux
Shakspeare et Molière enfantant l'assiette
D'excavation de dessert, froid, curieux
Ectoplasme oculaire, exquis ascète,

Rapide insipide, étendue fossette,
Elle est splendide au fertile insoucieux.
Calliope au manoir s'exprime obsolète,
Ainsi j'avance écrivain séditieux,

Verrou fantastique et porche spacieux,
Nénuphar satiné vibrant prophète,
Littérature en bateau scandaleux,
Paresse éprouvante, hoquets d'après fête...

103° Mon amour neige assassiné
Dimanche 24 Janvier 2021

Il tambourine... un rythme satiné...
Une antique ode... animée... de Sicile...
Aphrodite y joue l'amour gratiné
Qui rend son portrait si difficile.

Apollon s'ennuie... d'un air imbécile...
Il est beau, son cœur est ratatiné.
Pourtant, il plaît, si svelte et si gracile.
Il tambourine un rythme satiné.

Il chante en cet idiome taquiné
Par Dante (car le grec c'est difficile)
L'air de « *Mon amour neige assassiné,* »
Une antique ode, animée, de Sicile.

Il y a de l'action, de l'indocile.
Néron joue le clochard carabiné.
Tintin n'y est plus qu'un pauvre fossile,
Aphrodite y joue l'amour gratiné.

Son charme absurde assomme à combiner
Dans un roman du genre haltérophile,
Cette brochette d'amants laminés
Qui rend son portrait si difficile.

Apollon s'en fiche, bibliophile,
Blasé, il continue de bouquiner...
En déchiffrant le tissu volubile,
Il tambourine un rythme satiné...

104° Équation poétique
Lundi 25 janvier 2021

Poser la cadence, ôter l'ordinaire,
Âprement, comptabiliser les pieds,
Mettre en résultat : *le rythme doit plaire.*
Reste l' « x » poétique à besogner...

Ne pas calculer d'un ton renfrogné,
Écouter la dame extraordinaire
Dont le regard n'est pas à dédaigner...
Poser la cadence, ôter l'ordinaire...

Laisser surgir le chiffre imaginaire
D'un orchestre imprévu sur le papier
Mais possible ailleurs... dans l'intercalaire...
Âprement... comptabiliser les pieds...

Raconter le bazar des casse-pieds
De façon à ce que leurs choix vulgaires
Sortent en vertigineux contrepieds...
Mettre en résultat : *le rythme doit plaire...*

Mais ne comptez pas sur l'épistolaire
Pour vous protéger du méchant guêpier,
Ce prosaïque aplati circulaire...
Reste l' « x » poétique à besogner...

Cette équation... cet infini chantier
Seront toujours exclus du dictionnaire...
C'est tragique... ...il faudra donc barbouiller...
Poser la cadence... ôter l'ordinaire...

105° L'art d'accommoder le décasyllabe
Mardi 26 janvier 2021

Tu prends six syllabes tu en ajoutes
Quatre et tu mets une rime à la fin.
Alignes-en à nouveau dix, tu goûtes...
Chacune a son goût sur langue... enfin...

Ces lignes par quatre, ornées au fusain,
Construisent ton couplet... sans aucun doute...
Et tu pourrais jouer ce jeu sans faim :
Tu prends six syllabes tu en ajoutes

Quatre et les rimes s'élèvent, s'arc-boutent...
Et sous leur arc, miroite un bassin
Où plonge la ligne, un miroir ajoute
Quatre, et tu mets une rime à la fin.

Alors ton palais surgit, ferme et sain,
En château de fable aux superbes voûtes.
Des syllabes jaillissent en dessin,
Alignes-en à nouveau dix... tu goûtes...

Elles ont l'ampleur d'un vif goutte à goutte
Musical, celui qu'offre un clavecin
Rassasiant l'auditeur après la route...
Chacune a son goût sur langue... enfin...

Sans fin, tu additionnes, fantassin
Du décasyllabe, il valse, il déroute...
Sans cesse ainsi va ta vie d'écrivain...
Tu prends dix syllabes... tu les ajoutes...

1°
En guise d'épilogue :
pêche à la ligne
d'un hakaïste[13] en pirogue

2°
Ronfleur en radeau
Se révélait l'Haï-Kaïste,
Rameur en rideaux.

3°
Jolie fée d'hiver
Feras-tu fondre la glace
Sur mon pull-over ?

4°
Enrichis ta danse
du rythme venu d'ailleurs
sur la mer, par chance.

---

13 Un hakaïste est un faiseur de « haï-kaï » ou de « haï-kou »

5°
Ce type à chapeau
a l'air fier de son monocle
et l'oeil d'un crapaud.

6°
L'oiseau qui chantonne,
nous offre un ciel exultant
et l'enfant s'étonne.

7°
L'écrivain écrit
le bureaucrate complique
et le clown s'applique.

8°
Regarde un ballon !
« Mais non ce n'est que la lune ! »
chante le violon.

9°
« Récapitulons »
grogne la dame à chapeau
« Non ! » répond Léon.

10°
L'horloge explique-tac
au rocking-chair- qu'il faut fuir,
lui, se berce patraque.

11°
L'impatiente attend,
les nuages se déforment.
C'est jour de printemps.

12°
Ce livre reflète
les mille couleurs d'une île
où joue la mouette.

13°
L'hiver est ici,
mais le piano rit là-bas.
C'est du Debussy.

14°
La danseuse est fière.
La chaise est toute cassée
sous la romancière.

15°
Regarde, une flaque
rythmée d'une vive averse,
Jean-Sébastien Bach.

16°
L'arc-en-ciel s'efface,
le soleil brille beaucoup trop,
le pommier rêvasse.

17°
L'instituteur dicte,
dehors le merle s'étonne
et rend son verdict.

18°
L'école est fermée.
L'horizon se définit.
L'arbre est déformé.

19°
Le moineau répète.
Le beau chevreuil ne dit rien,
mais le chat enquête.

20°
« Où sont tes lunettes ? »
Et l'enfant de répliquer :
« Là... sur ma planète ! »

105° L'octosyllabe ce noble attelage
Mercredi 27 Janvier 2021

Si l'octosyllabe a huit pieds
Ainsi qu'une paire de tables
Que deux fauteuils, deux sangliers
Ou deux mammifères d'étable,

N'en concluez pas que deux tables,
Deux fauteuils, ou deux sangliers,
Soient octosyllabes d'étable...
Si l'octosyllabe a huit pieds,

N'en concluez pas qu'un clapier,
Avec deux lapins très affables,
Soit huit syllabes sur huit pieds
Ainsi qu'une paire de tables...

L'octosyllabe offre à la fable
Huit syllabes pour vers entiers,
Exprimant mieux l'art qui s'ensable
Que deux fauteuils, deux sangliers...

L'octosyllabe est singulier
Il sait conter l'histoire instable
D'un noble attelage à huit pieds
Où deux mammifères d'étable

Traînent un chariot sur le sable
Dans lequel un noble estropié,
Le rondeau dit « ineffable »,
Pianote un vieux tube au clavier :
« *Si l'octosyllabe a huit pieds...* »

106° Le point final
Mercredi 27 Janvier 2021

Après le point final que feras-tu ?
Ce point de fuite est souvent difficile ;
En bombardant le texte est-il obtus ?
Est-il virtuose au geste gracile ?

On l'admire en triomphal ustensile,
On le vénère en l'auguste institut ;
Il est minuscule et brille pulsatile,
Après le point final que feras-tu ?

Plongeant sur la phrase, instant suspendu,
Facétieux volatil, abréviophile,
Il sait qu'il nous sert, son rôle est têtu,
Ce point de fuite est souvent difficile,

Il joue le superbe, il flotte indocile,
Reculant sans cesse, hésite en fétu,
Allongeant la phrase, il est projectile,
En bombardant le texte est-il obtus ?

Il n'est qu'un sombre impact, petit, trapu,
Il achève un livre en bibliophile
Ou l'allonge au gré d'un rêve pentu,
Est-il virtuose au geste gracile ?

La Majuscule adroite est très habile
À moquer l'obstacle... espiègle en tutu,
Danseuse élançant son tour volubile :
Après le point final que feras-tu ?

Postface

« *À coup sûr, l'évolution de la poésie depuis la fin du Moyen-âge n'a cessé de l'écarter des poèmes à formes fixes, et rien dans la poésie contemporaine ne semble promettre un retour à des travaux de ce genre.* » écrivaient en 1923 Georges Chennevière et Jules Romains dans leur « Petit Traité de versification ».[14]

Leur constat est sans doute en partie fondé si l'on observe le genre poétique du point de vue de son histoire à travers les textes des « grands poètes ». Les formes fixes se seraient renversées dans le domaine du jeu, seule la prose serait désormais poétique. Paul Claudel abonde en ce sens :

« *Tout ce qu'il y a en français d'invention, de force, de passion, d'éloquence, de rêve, de verve, de couleurs, de musique spontanée, de sentiment des grands ensembles, tout ce qui répond le mieux en un mot à l'idée que depuis Homère, on se fait généralement de la poésie, chez nous ne se trouve pas dans la poésie, mais dans la prose.* »[15]

La véritable poésie jaillirait de toutes parts dans l'expérimentation de nouveaux rythmes, de nouvelles structures, d'inventions inédites. La poésie a sans doute tout à gagner en ne restant pas figée dans ses antiques formes fixes. C'est désormais en prose (débordant les formes trop contraintes) qu'écrivent en quête de poésie la plupart des talentueux prosateurs depuis Gustave Flaubert, depuis Charles

---
14 Jules Romains & Georges Chennevière, Petit Traité de versification, NRF, Gallimard, 1923 (p. 127)
15 Paul Claudel, « Réflexions et propositions sur le vers français », 1925, Oeuvres en proses (p. 43)

Baudelaire.

Faut-il considérer pour autant cette évolution comme irréversible ?

En 1992, Julien Gracq déplorait ce nouvel égalitarisme entre versification et prose :

« *Un tel égalitarisme au sein de l'aristocratie que constitue le très petit monde productif de l'art, la littérature y tend à son tour, depuis le dernier tiers du XIXe siècle, et à travers tout le XXe siècle. Et, comme tout mouvement niveleur accéléré, avant que ne se rétablisse l'équilibre, cet égalitarisme dévalue en fait abusivement ce qu'il a dû abaisser : le vers régulier, au profit de ce qu'il a élevé : la prose comme véhicule universel de l'art d'écrire.* »[16]

Dans la postface de mon précédent recueil « Termine au logis » (BoD, octobre 2020), j'ai déjà tenté d'expliquer pourquoi j'écrivais des « rondeaux » et ce que j'entendais sous ce vocable. Je vous invite à vous reporter à ce recueil pour y retrouver plus de détails sur ce que j'ai déjà dit[17].

Le recueil que vous avez entre les mains ajoute à l'écriture que j'avais esquissée dans mes cent rondeaux d'un été vingt. Il l'étoffe d'une nouvelle structure de rondeaux à laquelle je ne m'étais pas encore exercé, je veux parler du modèle du « Rondeau parfait » de Clément Marot dont je disais dans mon précédent recueil qu'il faisait vingt-cinq vers... Ce type rondeau est souvent appelé « rondeau redoublé ».

La plupart des rondeaux du présent recueil ont donc été

---

16 Julien Gracq, Carnets du grand chemin, 1992, Oeuvres complètes, tome II, Pléiade Gallimard (p.1060)
17 Pierre Thiry, Termine au logis, cent rondeaux d'un été, BoD, 2020 (p. 109 et suivantes)

écrits, en ayant en mémoire cette structure du « rondeau parfait » de Clément Marot, un seul cependant correspond exactement à cette structure, celui qui est intitulé « Octosyllabe » (n° 105 page 114). Il est en effet le seul à avoir vingt-cinq vers et le seul de ce recueil à correspondre exactement à la structure de Clément Marot.

La plupart des rondeaux du présent recueil sont constitués de six strophes de quatre vers. C'est un choix délibéré de ma part, une préférence arbitraire. Cela me plaît d'écrire des « rondeaux redoublés » comprenant un nombre pair de vers, le dernier vers conclusif étant ainsi inclus dans le dernier quatrain. De même que j'ai adapté « à ma manière » la forme du rondeau classique pratiquée par Vincent Voiture[18], j'ai ici adapté « à ma façon » la forme fixe héritée du « rondeau redoublé ».

Mais, vous trouverez aussi dans ce recueil ces fameux « rondeaux simples », sur la structure chère à Vincent Voiture, bien sûr révisée « à ma manière ».

Certains trouveront sans doute que mes innovations sont bien timides.

Je prétends pour ma part qu'écrire en respectant une forme fixe pour y faire jouer autre chose que ce qui était à l'oeuvre dans le passé est une forme d'audace.

Peut-être est-ce tout simplement parce que *j'aime les*

---

18 Vincent Voiture (1597-1648) a été qualifié par Théodore de Banville de « Maître du rondeau » (voir ma postface de « Termine au logis » p. 112).

formes fixes[19] ? Peut-être même est-ce parce que je préfère les formes fixes (facilement repérables) à la poésie (difficile à définir) ? Peut-être est-ce parce que j'ai l'impression qu'écrire en respectant une forme fixe est une manière de jeu ? Peut-être est-ce parce que je considère que jouer en respectant une règle du jeu présente un intérêt ?

Je ne suis pas certain d'avoir des réponses à toutes ces questions, mais j'aime les poser... Je ne sais pas exactement ce que c'est que la poésie, j'ai essayé de le dire dans le texte n°104 (équation poétique) du présent recueil.. Je suis animateur d'ateliers d'écriture. J'aime les formes fixes, car elles s'apparentent aux jeux d'écriture : ces tremplins d'écriture, ouvroirs de littérature potentiels qui permettent de partager le bonheur d'écrire avec des participants passionnés d'écriture. Les formes d'écriture contraintes, en apportant leurs structures incommodes, invitent à faire assaut d'ingéniosité et d'imagination.

Le rondeau a quelque chose de joyeux, de musical, d'élégant qui n'est pas pour me déplaire.

Théodore de Banville invitait à pratiquer cette forme, en citant l'*Art poétique* de Nicolas Boileau-Despréaux[20] :

« *Boileau a décrit le Rondeau avec la plus excessive,*

---
19 Il y a peut-être un nouveau livre encore à écrire derrière cette expression que l'on peut interpréter de bien des façons différentes...
20 Nicolas Boileau (dit Boileau-Despréaux) né à Paris le 1er novembre 1636, mort dans cette même ville le 13 mars 1711 est notamment l'auteur d'un « Art poétique où l'on peut lire ces deux vers célèbres :
 « *Ce que l'on conçoit bien s'énonce clairement* »
 « *Et les mots pour le dire arrivent aisément.* »

sinon avec la plus heureuse concision, en disant :
« Le Rondeau, né gaulois, a la naïveté. »[21]
Ce qui prouve qu'en vers il faut se défier de la troisième personne, trop commode à placer, de l'indicatif présent du verbe avoir. Le Rondeau n'a pas que la naïveté ; il a encore la légèreté, la rapidité, la grâce, la caresse, l'ironie, et un vieux parfum de terroir fait pour charmer ceux qui aiment notre poésie... »[22]

Passer les bruissements du monde d'aujourd'hui sous le projecteur du rondeau est riche de découvertes multiples et permet d'aborder bien des thèmes sur un rythme alerte.

Comme dans mes précédents recueils, j'ai choisi de les présenter chronologiquement en mentionnant leurs dates d'écriture. Certains d'entre eux ont fait l'objet d'une première version, puis de modifications (vous pourrez donc voir apparaître une genèse, puis des réécritures). Attribuer à ces textes leur date d'écriture est également une forme de politesse adressée au lecteur. Ces textes sont souvent un peu farceurs. Ils sont également nés d'émotions sincères, de lectures[23], de coups de cœur, de rencontres et de sourires en face d'une réalité morose qui nous oblige à la dérider...

J'ai inséré dans ce livre une parenthèse de vingt haïkus à

---

21 Nicolas Boileau Despréeaux, *Art poétique*, chant deuxième
22 Théodore de Banville, Petit traité de poésie française, Bibliothèque Charpentier, 1903.
23 Le rondeau n°24 est écrit en hommage à la série de romans policiers écrits par Iris Rivaldi autour de son personnage *Le Grogneux* . Le rondeau n° 44 a été écrit à la suite de ma lecture haletante de *La mutualisation du crime* un « roman d'enquête » palpitant de Jean-Marc Pitte.

ma façon, une forme encore plus courte que le rondeau, plus légère... Il y a dans le haïku quelque chose d'éphémère comme une feuille qui s'envole. Les imprimer au milieu d'un recueil de rondeaux est une première expérience d'Haïkaïste, une manière de poser une sorte de marque-page. je ne sais à la date d'aujourd'hui si d'autres suivront, car conserver aux mots qui passent leurs caractères fugaces est peut-être une sagesse élémentaire. J'ai utilisé une structure généralement utilisée en français, celle qui correspond à la définition du Petit-Robert : « *Poème japonais de dix-sept syllabes, réparties en trois vers (5, 7, 5)*. » Je n'ai toutefois pas poussé le scrupule jusqu'à les écrire en japonais.

 Un certain nombre de ces textes ont déjà fait l'objet de lectures diffusées sur la toile d'Internet, sur ma chaîne YouTube, sur le réseau social Instagram, et bien sûr lors des ateliers d'écriture que j'anime.

 Ces premières lectures ont souvent été l'occasion de recueillir des réactions passionnantes qui sont de vifs encouragements à continuer à expérimenter les multiples enjeux de cette « inconnue de l'équation » que l'on appelle poésie.

 Merci à vous qui vous êtes (au détour de mes ateliers d'écriture, ou lors de vos pérégrinations sur Internet) déjà intéressé à l'un ou l'autre de ces textes. Bienvenue à vous, chère lectrice, cher lecteur, vous qui lirez ou avez déjà ouvert et parcouru ce livre par curiosité.

 Enfin pour terminer cette postface je souhaite remercier chaleureusement mon imaginative nièce qui m'a confié le facétieux dessin qui orne la couverture de ce livre[24].

---

24 C'est un portrait Polaroïd, j'espère que vous vous en êtes aperçu, car on voit bien qu'il a été « tiré sur le vif » rapidement.

Table des matières

Préface par Odile Dinand..5
1° Vos oreilles sont fines..9
2° N'hésite pas à danser..10
3° Dire jeux..11
4° Le poète confit..12
5° Exotisme oublié..13
6° Franchir la porte..14
7° Lecture par temps de confinement..15
8° Espiègle automne..16
9° Pot de rimes contre pot de frimes..17
10° Une huître pauvre et belge..18
11° Arbre décor..19
12° Les oiseaux de l'arbre..20
13° Il s'écroule à la devanture..21
14° Le cirque..22
15° L'arsenal..23
16° Elle habitait Besançon..24
17° Chante et danse..25
19° En attendant le discours..26
20 ° Jamais un mur n'arrête..27
21° Le goûteur de romans-spaghetti..28
22° Bristol d'identité..29
23° Ce guignol bibliothécaire..30
24° Il est en pantoufle..31
25° Zou Maréflexes..32
26° Laisse Aya..33
27° Toi qui sais..34
28° Voyage mélodieux..35
29° Ce voyage a des charmes merveilleux..36

30° Voyage audacieux..37
31° Batifolage de novembre....................................38
32° Le maître de l'algorithmisme............................39
33° Juste un affûtage..40
34° Un vendeur normal..41
35° L'écriture est un sport (recette d'écriture).......42
36° Pour la danse..43
37° Le conte de l'hippocampe.................................44
38° L'auteur qui veut entrer dans la carrière..........45
39° Il porte des lunettes...46
40° Lecture qui danse au chant des lyres...............47
41° Le temps court...48
42° Plus durable qu'un enregistreur........................49
43° Décembre a surgi...50
44° À propos de la Mutualisation du crime............51
45° Un tout petit colosse..52
46° L'absurde n'est pas inamovible.........................53
47° Par quel stratagème parviens-tu ?....................54
48° Silence et brouillard d'un lundi........................55
49° La reine de décembre..56
50 ° Ô Perséphone..57
51° Destin d'un étrange bonhomme de neige........58
52° D'un rond d'eau dans un puy............................59
53° L'esprit crédule..60
54° Les branches mortes..61
55° Pour brosser la fête..62
56° Formée d'une averse..63
57° Un pas léger...64
58° Quelque chose...65
59° Vade mecum du voyageur................................66
60° Le beau brocoli..67
61° Danse des corps sur les choeurs de Purcell.....68

62° Le brossage en biais	69
63° La critique héliportée se hérisse	70
64° Lettre qui surgit	71
65° Inexorable impasse	72
66° Le lexicographe	73
67° Petit manuel de rhétorique	74
68° Esquisse de passacaille	75
69° La critique à hélice	76
70° Invité chez Hadès	77
71° L'âpreté du réel	78
72° L'attelé à l'écriture	79
73° Intrigué	80
74° Cette épopée d'un traîneau	81
75° Le poète	82
76° Le sort des pauvres reclus	83
77° Ces inattendus	84
78° Silhouette d'un Noël vingt	85
79° Wamber Tistyle	86
80° Accéléromètre	87
81° Sur une côte de Bretagne	88
82° Pour profiter de la vendange	89
83° La Comtesse	90
84° Le prince Haï Kou	91
85° Au palais de Cupidon	92
86° Cupidon	93
87° Portrait d'Hyrisse	94
88° La Synérèse du laurier	95
89° Modeste Rubik's Cube	96
90° Rubik's cube employé	97
91° La romance du Rubik's cube	98
92° Étonnante incroyable	99
93° L'épopée du Rubik's cube	100

94° L'écrit du chapelier 101
95° Un zélé bricoleur 102
96° D'un chat briguant une élection 103
97° Au Parnasse 104
98° L'homme paysage 105
99° Sous le chapeau 106
100° La bergère et l'arpenteur 107
101° En l'entrelacs bureaucratique 108
102° J'avance 109
103° Mon amour neige assassiné 110
104° Équation poétique 111
105° L'art d'accommoder le décasyllabe 112
(...) Parenthèse : vingt haïkus 113
106° L'octosyllabe 118
107° Le point final 119
Postface par Pierre Thiry 121
Table des matières 127

© Pierre Thiry (texte et couverture)
© Odile Dinand (préface)

Editions : BoD – Books on Demand
12/14 rond point des Champs-Elysées 75008 Paris
Impression : Books on Demand, Norderstedt, Allemagne

Dépôt légal : février 2021
ISBN : 9782322229604